再论日语模糊限制语

李 凝/著

知识产权出版社

全国百佳图书出版单位

图书在版编目（CIP）数据

再论日语模糊限制语 / 李凝著 .—北京：知识产权出版社，2018.8

ISBN 978-7-5130-5803-2

Ⅰ. ①再… Ⅱ. ①李… Ⅲ. ①日语—话语语言学—研究 Ⅳ. ① H36

中国版本图书馆 CIP 数据核字 (2018) 第 199984 号

内容提要

本书首先从定义、表现形式、分类等对日语模糊限制语进行了重新梳理，考察和论述了会话交际中的"使用前提"与日语模糊限制语的两大交际功能之间的关联。通过考察发现，"使用前提"不同，日语模糊限制语所发挥的功能也不尽相同。无论说话人对信息的把握程度如何，无须对话语承担责任时，会话中的模糊限制语通常起缓和话语态度的作用；反之若需要对话语承担责任，模糊限制语则发挥回避责任的功能。同时，本书探讨了汉语模糊限制语在谈话中的使用情况及交际功能、儿童会话中日语模糊限制语的使用情况、日汉模糊限制语的分类异同及各自在谈话中的功能和特征的异同等，并通过实例论证了日语模糊限制语与语用学中的合作原则、关联理论及信息界域理论之间的关系，考察了日语模糊限制语在具体领域诸如日语教材、日文广告、日文新闻标题等的应用情况。

责任编辑： 冯 彤	**责任校对：** 谷 洋
装帧设计： 张 冀	**责任印制：** 孙婷婷

再论日语模糊限制语

李凝 著

出版发行：知识产权出版社 有限责任公司	网　　址：http：// www.ipph.cn
社　　址：北京市海淀区气象路 50 号院	邮　　编：100081
责编电话：010-82000860 转 8386	责编邮箱：fengtong@cnipr.com
发行电话：010-82000860 转 8101/8102	发行传真：010-82000893/82005070/82000270
印　　刷：北京中献拓方科技发展有限公司	经　　销：各大网上书店、新华书店及相关专业书店
开　　本：787mm×1092mm　1/16	印　　张：10.5
版　　次：2018 年 8 月第 1 版	印　　次：2018 年 8 月第 1 次印刷
字　　数：211 千字	定　　价：48.00 元

ISBN 978-7-5130-5803-2

序言

或许对于很多人而言，「ヘッジ（hedge❶）」（日语模糊限制语）尚是一个比较陌生的概念。何为「ヘッジ」？「ヘッジ」是一种"暧昧表现（「暧昧表现」）"或"含糊不清的表现（「ぼかし表现」）"吗？

「かもしれない」[「かも」（或许、可能）]是日本人日常谈话中的常用语之一。近年来，在表达自己的感受或感觉时，有日本人不直接使用「これ、おいしい」（这个好吃）发表自己看法，而是说「これ、おいしいかも」（这个或许好吃）；在表达自己喜欢之意时，使用「好きかも」（我或许喜欢）；当表达自己想去某地时，不直接说「行きたい」（我想去），却说「行きたいかも」（我或许想去）（杨晓钟、曹珺红，2005❷）。在模糊语言学领域，这些词通常被称为模糊限制语。

笔者初次接触"hedge（模糊限制语）"一词是在刚进入博士阶段学习后不久，在导师赵华敏教授主讲的《语用学研究》这门课上。在一次课堂上，"hedge（模糊限制语）"一词被不断提出，引起了笔者的注意。事后查阅了不少相关文献，发现从20世纪90年代末，逐渐有学者着手研究日语模糊限制语，然而系统性研究尚不多见。笔者在博士学习期间，以日语模糊限制语为研究对象，通过大量的语料和在日本实施实际调研的第一手资料，从话语分析的角度系统地阐述了日语模糊限制语的主要功能和特征，考察和分析了日语模糊限制语在具体场景下的使用状况，基本勾勒出了模糊限制语的整体面貌，阐述了模糊限制语在日本人会话交际中的作用。笔者于2014年将前期对日语模糊限制语的研究内容整理成书出版（『日本語のヘッ

---

❶ "hedge"一词原本属于经济行业用语，指"回避随行情变动带来的损失。比如，在期货交易中预先确定价格等"（《广辞苑 第六版》），即"hedge"指回避风险。

❷ 楊曉鐘，曹珺红.「曖昧」な日本語を再認識——日本語教育の立場から——[J]. 福井大学教育地域科学部紀要（人文科学国語学・国文学・中国学編）(56)，2005.

ジに関する研究』❶）。

　　笔者近年来一直致力于日语模糊限制语的研究，主要从填充词（「フィラー」）、语气（「モダリティ」）、女性语（「女性語」）、关怀表达方式（「配慮表現」）、年轻人用语（「若者言葉」）、语境（「コンテクスト」）等相关概念对模糊限制语进行了较为全面的考察，并以日语方言和普通话为背景，对用于表示请求和拒绝场景的模糊限制语的使用情况做了进一步的探讨和分析。另外，对母语者和非母语者的模糊限制语使用情况也进行了调查。然而日语模糊限制语尚有许多值得研究之处。

　　（1）模糊限制语的功能。学者的研究领域不同，对模糊限制语功能的把握不尽相同。

　　（2）日汉模糊限制语的对比研究。以往国内外的研究大都仅把英语作为考察对象，而很少有人从对比语言学角度进行深入探讨，尤其是关于日汉模糊限制语的研究更少。张红深（2010❷）指出："多语种的对比研究目前也是比较薄弱的环节，单纯地就语言而研究语言意义不大，价值有限。"从整体看，关于日汉模糊限制语的对比研究尚不完善，需进一步拓展。同时，英语模糊限制语的分类和功能是否完全适用于日语和汉语、日汉模糊限制语是否具备各自独有的功能和特征等，尚待进一步考察和验证。

　　（3）儿童会话交际中的模糊限制语研究。不少研究涉及成人会话中的模糊限制语，然而正如下道省三（2010❸）所指，我们对于儿童会话交际的研究尚不充分（原文：子どもとのコミュニケーションについて我々は今のところ十分な研究をしていないのではないだろうか）。在儿童会话交际中，儿童语言（「子どものことば」）中是否含有模糊限制语及其使用情况等问题在前人研究中较少涉及。

　　（4）在面向日语初学者的教材中是否导入了模糊限制语，学习者如何

❶　李凝．日本語のヘッジに関する研究[M].北京：外文出版社，2014.
❷　张红深．中国模糊语言学 30 年[J].天津外国语学院学报（17），2010.
❸　下道省三．関連性理論による子どものことば（発話・会話）の分析（その3）[J].甲子園短期大学紀要（28），2010.

习得模糊限制语等值得探讨。入戸野みはる（2008❶）强调了模糊限制语的重要性，并从在美国哥伦比亚大学的教学实践中得出，今后在开发会话教材之际，"有必要积极引入模糊限制语，同时增加以'大组'为单位的友人间的会话例子"。小矢野哲夫（2007❷）指出，学习者水平达到中级以上，可大量利用视听觉教材，下功夫接触更多活生生的日语。其中的"活生生的日语"包括年轻人用语、方言、填充词、模糊限制语等。此外，远藤睦子（2004）❸将反复、填充词、模糊限制语等作为"自然会话（「自然会話」）"中经常出现的要素，指出这些要素并非"不必要"，相反，适度的使用是判断学习者会话好坏的一个重要因素，并强调今后有必要在课上积极、系统地加以导入。

（5）日语模糊限制语与合作原则、关联理论和信息界域理论的关系、在日文广告和日文报刊新闻标题中的出现种类和使用情况、发挥的作用及模糊限制语的有无对其产生的相应影响等。

综上所述，虽然关于日语模糊限制语的研究已取得一定的进展，但仍有不少问题尚待解决。为此，笔者将在本书中探讨上述问题，为模糊限制语及模糊语言学领域研究尽一份微薄之力。

---

❶　入戸野みはる.グループのサイズとヘッジの使用量について [J]. URL: http://www.princeton.edu/pjpf/past/15th/11–Nittono_PJPF08.pdf,2008.

❷　小矢野哲夫.若者ことばと日本語教育.日本語教育 (134)〔特集〕日本語のバリエーションと日本語教育.

❸　笔者未能找到远藤睦子（密执安州立大学）的研究论文，在此引用了远藤在第 3 届 OPI 国际研讨会（2004 年 8 月在普林斯顿大学举办）的研究发表（题为「会話における"不必要な"要素を教える必要」所做的报告。

目　　录

第1章
何谓日语模糊限制语

　　1923 年,英国哲学家伯特兰·罗素在题为《论模糊性》(《*Vagueness*❶》)的论文中指出"所有的语言或多或少都带有模糊性"。1965 年, 美国控制论专家 L.A. 扎德在题为《模糊集合论》(《*Fuzzy Sets*❷》)的论文中, 提出了模糊概念和模糊理论。扎德在该文中并未使用 "hedge"(模糊限制语)一词,而是运用了 "fuzzy"(模糊)这一概念。虽然 "hedge" 一词未被使用,但却成为研究 "hedge" 的突破口。之后, 在更广阔的范围内对 "fuzzy" 展开了划时代的研究, 模糊数学、模糊逻辑学、模糊语言学、模糊心理学、模糊修辞学等一些新领域相继诞生。1972 年, 美国生成语义学家 G. Lakoff 在论文《模糊限制语:语义标准和模糊概念逻辑的研究》(*Hedges : a study in meaning criteria and the logic of fuzzy concepts*❸)一文中首次将 "hedge(模糊限制语)" 概念导入语言研究。G. Lakoff 从语义学角度对 "hedge" 进行了分析,并将 "hedge" 定义为 "把事物弄得模模糊糊的词语(words whose job is to make things fuzzier or less fuzzy)"。作为模糊语言家族中的一员, 在 20 世纪 70 年代, 有关模糊限制语的研究大都从语义学角度展开, 20 世纪 80 年代以后, 伴随着语言学的发展, 尤其是社会语言学、语用学、话语分析(Discourse Analysis)等学科领域的发展, 人们对模糊限制语的研究

---

❶ [英]伯特兰·罗素.论模糊性.杨清, 吴涌涛, 译, 吴铁平, 校.模糊系统与数学, 1990, 4(1).

❷ L.A.Zadeh : Fuzzy sets, Information and Control 8, 1965.

❸ Lakoff, G.Hedges : A study in meaning Criteria and the logic of fuzzy concepts [J].Journal of Philosophical Logic, 1972.

从语义学扩展到语用学和话语分析等领域。

"hedge"一词传入日本后，被译为日语的「垣根」(「kakine」)、「垣根表现」、「言語ヘッジ」与「ヘッジ」。横尾信男（1993）将"hedge"译为「垣根」，指出在听话人和说话人之间设置"围墙"(「垣根」)，用于防御对方的攻击或缓和冲击等，故因此得名。横尾信男（1993）将「垣根」定义为：插入文中适当位置，具备促使听话人的注意，或引起某种反应，或有时检测听话人是否理解所听到话语之功能的语句。比如，英语的 sort of, kind of（kinda），I guess, you know（y'know），I wonder 等。1998 年，西村月满在北里大学教养图书馆发行的『閲覧ニュース』82 号上发表了题为"「垣根ことば」と「ことばの垣根」"的随笔。在该随笔中，西村月满将英语的"hedges"译为「垣根ことば」，并将其定义为"具备缓和表达之功能的说法"(「表現を和らげるはたらきをする言い回し」)，也可被称作"downtoners""softners"等。同时指出，"hedges"原意为"围墙，栅栏"(「垣根」)，后转义为"用于防御的东西"(「防御するもの」)，接着转为"试图避免因断定一件事或表达确定性意见造成的失败，进而保护自己"(「一つの事柄、意見を断定して失敗するのを避けようとして自らを守ること」)之意。也有一些研究，比如横尾信男（1993）、平川彩（2003）、林宅男（2008）、近藤佐智子（2009）、田中诚（2010）等，虽提及"hedge"，并将其译为「垣根表现」，但大都未展开深入探讨。有关「言語ヘッジ」的研究一般从信息工程专业的角度展开，并运用一些公式、算法及统计学方法。因此，本研究采用"hedge"的另一译法「ヘッジ」。

1.1　日语模糊限制语的定义

截至目前，模糊限制语的定义尚未统一。学者的立场不同，对模糊限制语的定义不尽相同。比如，G.Lakoff（1972）从语义学角度将"hedge"

定义为"把事物弄得模模糊糊的词语（即 words whose job is to make things fuzzier or less fuzzy）"。ブラウン＆レヴィンソン（2011❶）从语用学角度将"hedge"（模糊限制语）定义为"在某种条件下可以部分地改变话题真值程度的分词、词或词组"，通过英语、Tzeltal 语（墨西哥，玛雅语族）、泰米尔语等语言中模糊限制语的实例并与日语对译，分析模糊限制语作为一种消极礼貌策略时所发挥的功能。他们将模糊限制语划分为强化语（「強め表現」）和弱化语（「弱め表現」），比如 exactly（「まさに」）、precisely（「確かに」）、emphatically（「断然」）等属于强化语，I guess（「と思う」）、just（「ちょっと」）等是弱化语。他们认为模糊限制语可用于对话语的言外之意（「発語内効力」）加以影响和限制、减弱言语行为等。具体来说，①缓和、弱化话语内容（如可能威胁听话人面子的话语）或语气；②回避责任；③表示说话人的踌躇、犹豫；④表明说话人对自己的话语内容无法确信或有所保留；⑤表示强调、强烈否定、与期待相悖等。另外，ブラウン＆レヴィンソン（2011）在合作原则的四个准则框架内将模糊限制语分为质的限制语、量的限制语、关系限制语和方式限制，并提及它们在会话交际中具备回避责任、强化责任、缓和话语内容以及表示可能性或疑问程度等功能。国内不少研究，比如何自然、陈新仁（2004❷）等直接引用 G.Lakoff 的定义并将其译成中文。在日本，小田三千子（1988❸）等将 G.Lakoff 的定义直接介绍到日本。Reiko Itani（1996）、入戸野みはる（2004、2008）等分别尝试对日语模糊限制语进行定义。其中，Reiko Itani（1996）认为模糊限制语缓和说话人的断定和强烈主张。入戸野みはる（2004）将用在陈述、疑问、提议、命令、拒绝等命题中间、前面或后面，具备缓和话语行为或话语态度功能的词看作模糊限制语。入戸野みはる（2008）将日语中具备

---

❶　ペネロピ・ブラウン・スティーヴン・C・レヴィンソン．ポライトネス：言語使用における、ある普遍現象．田中典子，監訳、斎藤早智子，等，譯．研究社，2011.

❷　何自然，陈新仁．当代语用学．外语教学与研究出版社，2004.

❸　小田三千子（1988）「Hedges についての一考察——社会言語学の観点から」『東北学院大学紀要』80 巻　pp.155-176.

①暗示无法确信信息的正确性；②缓和感情；③将意见、想法等弄得模棱两可❶；④对自己的行为不承诺；⑤说话人确保或维护发言的权利，使听话人积极参与会话等功能的词语或表达称作模糊限制语。入戸野みはる（2004、2008）是有关日语模糊限制语的研究中比较有代表性的。以上定义大都涉及模糊限制语的缓和话语态度（「発話態度の緩和」）功能，而对于模糊限制语的另一大功能——回避责任（「責任の回避」）功能却鲜少提及。

由以上 Reiko Itani（1996）、入戸野みはる（2004、2008）等研究对模糊限制语所下的定义可见，"hedge"一词引入日本、被译为「ヘッジ」后，范畴发生了变化。日语模糊限制语并非是一种含糊不清表现（「曖昧表現」），而是一种具备"缓和或弱化话语态度"（「発話態度を緩和する」（「和らげる／弱める」）、回避责任之功能的词语或表达。通过在会话中使用模糊限制语，说话人可以避开断言，缓和话语态度，或回避责任，或表明一定的责任或确定。同时，exactly（「まさに」）、I absolutely deny that…（「私は…たとまったく思わない」）等强调语虽在英语等语言中属于模糊限制语，而目前以日语模糊限制为对象的研究大都并未将这样的表现形式纳入模糊限制语范畴，也较少涉及"强化责任"之功能。

说起模糊限制语，很多前人研究提及"含糊不清"（「曖昧」或「ぼかし」），而"含糊不清"仅仅是模糊限制语的表面，而非其本质特征。李凝（2014）考察和探讨了模糊限制语与填充词、语气、女性语等相关联概念的异同，提出模糊限制语与其他概念最显著的不同点是模糊限制语具有"表示一定确信或责任"之功能，并举例证明"自我防卫"（「自己防衛」）是模糊限制语的最大特征。综合分析和考察，将日语模糊限制语定义为：模糊限制语是说话人在会话交际中为了回避责任或缓和话语态度而使用的表达方式。此定义与前人研究中定义的最大不同在于，明确指出模糊限制语具有"回避责任"之功能 ［例（1）］。

---

❶ "将意见、想法等弄得模棱两可"这一项有待商榷。详见后续论述。

（1）〔場面：大宮を愛している香子にとって、大宮が死んだことほど
　　　ショックなことはなかった。警察では、他殺ではないかと疑って
　　　捜査が行われている様子だった。秋子と香子はこのことについて
　　　次のようにやりとりをしている。〕

　　「ねえ、ねえ香子。警察では、藤原教授や、小川さん、萩さんを
呼んで事情をきいた<u>らしい</u>わよ」

　　（秋子は、声をひそめていった。）

　　「どんなことをきいたのかしら？」

　　（香子は、顔をあげて秋子を見た。）

　　「大宮さんの性格だとか、研究していたテーマなどもきいた<u>らし</u>
<u>い</u>けど、一番、ききたかったのは、三人のアリバイ<u>じゃない</u>？」

　　「それで、三人のアリバイは、どうだったのかしら？」

　　（香子は、身を乗り出した。）

　　「明石くんたちも呼ばれて、県警本部の廊下で待っている時にき
いた<u>らしい</u>んだけど、教授は、六時四分に京都駅発の新幹線で、東
京へ行った<u>という</u>の。十時半ごろに、新橋第一ホテルにチェックイ
ンして、翌日、学会に出て、夕方東京駅から、ひかりに乗って帰っ
てきた<u>という</u>ことよ。アリバイは、完璧ね」

　　「十時半にチェックインしたのは、本人かしら？」

　　「<u>さあ</u>、わからないわ。でも、たとえ教授が犯人だったとしてもか
えだまは使わないと思うわ。それより、六時に乗って、十時半チェッ
クインというのはちょっと遅い<u>んじゃない</u>かしら？　東京に九時近く
についたとしたら、九時半頃、チェックイン出来る<u>んじゃない</u>？」

　　（秋子も、教授を疑っているようだった。）

　　　　　　　　　　　　　　　　　　　　　　　（『紫式部殺人事件』）

例（1）中画线部分为模糊限制语。其中，「らしい」、「という」和「じゃ

ない」的使用频率为 3、2 和 3。「さあ、分からない」出现了 1 次。「らしい」和「という」表示传闻。「じゃない」以反问的形式要求对方作答。「さあ、分からない」表明将自己与事件完全隔离。若警察足够了解事情原委，应该能以更明确的态度将事情表述出来。但由于杀人事件与犯罪和责任有关，若随意断言，事后可能必须得对自己的话语承担责任。因此，此场景对于秋子和香子而言，既无法对自己的话语断言，又必须对话语承担责任。

　　粗略地看，例（1）中的模糊限制语似乎将说话人的想法和主张等弄得模棱两可，但由上述分析可见，说话人希望将自己的想法和主张等传达给听话人，通过使用「らしい」等模糊限制语，表示即使现在所传达的事情与事实不尽相同，由于自己的话语有出处来源，事后自己也无须承担责任。

1.2　日语模糊限制语的表现形式

　　关于日语模糊限制语的表现形式，Reiko Itani（1996）、辻幸夫（2002）、入戸野みはる（2003，2004，2008）、吉村公宏（2004）、早瀬尚子、堀田优子（2005）、李恩美（2008）和山川史（2008）等均有论述。Reiko Itani（1996）指出，模糊限制语不仅仅是一种语言现象，还包括手势、声音（高低、声调等）、表情等一些非语言因素。辻幸夫（2002）将「ちょっと」、「じゃないか」、「ね」等，吉村公宏（2004）将「大まかに言えば（Loosely speaking）」、「厳密に言えば（Strictly speaking）」等，早瀬尚子，崛田优子（2005）将「厳密に言うと」等作为模糊限制语言看待。入戸野みはる（2004）将模糊限制语的表现形式由词汇层面扩大至词汇以外的手段，比如笑、停顿、省略、文体的变更（包括由「だ体」变为「です・ます体」）。此外，入戸野みはる（2004）从谈话中收集模糊限制语，其中收集到的词（「語」）和词组（「句」）约占总数的四分之三，剩余四分之一属于句法（附加疑问等）、省略等。朋友间使用的模糊限制语主要为词和词组形式，比如

「けっこう」、「かもしれない」、「らしい」、「気がする」、「～的」、「～っぽい」等。从词性看，使用频率最高的是助词，助词中使用频率最高的是终助词「ね」，其次为「とか」。下列例句出自入戸野みはる（2004）（画线部分为模糊限制语）。

（2）A：昨日見た映画、どうだった？

　　　B：おもしろくなかったと思う。/あんまりおもしろくなかったかも。

（3）私、すごくうれしいかもしれない。

（4）今日はカレー食べたいって感じ。

（5）A：昨日、何時に家に帰ったの？

　　　B：八時ごろだったかな。

（6）よう子（Y）がお守りを大事そうに持っているシゲを見て、コメントする場面。

1Y　うーん。ああ、けっこうそういう縁起を担ぐ人なのね、あなたは？

2S　いや、いや、そういうことはないけど…

3Y　いや、いや、そうでも、ヘヘヘヘヘヘ（笑い）

4S　悪いことは気になるじゃん。やっぱ。

5Y　まあ、ねえ。

　　入戸野みはる（2008）以朋友间的谈话为焦点，以「ごろ」、「かな」、「っていうか」、「いまいち」、「かも」、「けど」、「よくわかんない」、「あのう」、「なんか」、「何ていうの」、「じゃない？」等为例，对模糊限制语的功能进行了论述。李恩美（2008）按使用频率由高至低顺序将在初次见面的人（参加工作的人）之间的谈话中出现的模糊限制语归纳如下。

とか、なんか、みたいだ / ようだ / そうだ / らしい / みたいな / ような、ちょっと、

かしら／かな／かね、というか、くらい／ころ／あたり／程、たり（する）、感じ、けっこう、でしょう／だろう、など／なんか、～という、じゃないか、かもしれない、たぶん／おそらく／たしか、思う／思って、ほう、一応／とりあえず、（という）ふうに／ふうな、なんて、か、って／と、関係、大体／大抵、気がする、なんとなく、的、風、系、だいぶ、でも、感覚、ほとんど、ぽい、見える、あれ等。

山川史（2008）在入戸野みはる（2003）的基础上，将模糊限制语的表现形式划分为"词汇"（「語彙」）和"非词汇"（「非語彙」）两种。其中，词汇包括副词、助词、动词、形容词等，非词汇包括笑、停顿、语调等。以入戸野みはる（2003）为基础将前人研究中出现的模糊限制语整理归纳为下表（表1–1）。

表1–1　前人研究中出现的日语模糊限制语

表现形式	实例
语言表现形式（「言語表現」）	辺り、あのー、あれ、一応、いまいち、大ざっぱに言って、大まかに言えば、おそらく、思う、か、か言って、かどうか、かな、かないか、かなり、かね、かもしれない（かも）、感覚、関係、感じ、気がする、（って）聞く、くらい、系（けい）、けっこう、けど、厳密に言えば（厳密に言うと）、ごろ、こんなこと言うのなんだけど、さ（さあ）、（よく）知らない、じゃない？、じゃないか、じゃん、そうだ、そのー、大体/大低、だいぶ、たしか、たぶん、たりして、～たり（～たりする）、だろ（う）、ちょっと、って（と）、っていうか、～っぽい、て、～的、でしょう、でも、～という、というふうな、とか、とか思って、とりあえず、なあ、など、なんか、なんちゅうの、なんて、何ていうの、なんとか、なんとかかんとか、なんとなく、ね（ねー）、の、風、ふうな、（という）ふうに、辺（へん）、ほう、程、ほとんど、ま（まー）、見える、みたい（みたいな）、もし、やっぱり（やっぱ）、ような、よかったら、よくわかんない（けど）、らしい、わりと等
非语言表现形式（「非言語表現」）	イントネーション（上昇）、（「だ体」から「です・ます体」への）スタイルシフト、省略、ヘヘヘヘヘ（笑い）、ポーズ　等

1.3 日语模糊限制语的分类

关于日语模糊限制语分类的研究有入户野みはる（2003）、邓高（2010）、张勇（2010）等。入户野みはる（2003）从语法（词性）、邓高（2010）从语用、张勇（2010）从语法、语义、语用等分别对日语模糊限制语进行了分类。入户野みはる（2003）的分类如下。

动词（Verbs）：（と）思う、（って）聞く、（って）聞いた

助动词（Aux Verbs）：だろう、でしょう、〜みたいな、かもしれない、〜ような、らしい、〜みたいだ

副词（Adverbs）：けっこう、一応、かなり、とりあえず、わりと、まあ、ちょっと

助词（Particles）：とか、ね、かしら、さ、の、な（あ）

名词/代词（Nonus/Pronouns）：（ような/みたいな）感じ、感覚、あれ、（その）辺（へん）、〜辺り

感叹词/间投词（Interjections）：そのー、なんか

词组，短语（Phrases）：（よく）わからない、ふうに、というふうな、〜たり〜たりする、かないか、かどうか、（よく）知らない、なんとかかんとか

接尾词/接头词（Suffixes/Preffixes）：系（けい）

直接引用（Direct Quotation）

附加疑问（Tag Questions）：だろ（う）？

停顿（Pauses）

接续词（Conjunction）：けど

省略装置（Omission Devices）（Unfinished Sentences）：て

音韵手段（Phonological Device）：上升语调（Rising Intonation）

　　李凝（2014）在前人研究的基础上，从表现形式和出现位置对日语模糊限制语进行了分类，具体如下表（表1-2、表1-3）。

表1-2　按表现形式分类

表现形式		实例
词语层面	感叹词	あのー、さ（さあ）、そのー、ま（まー）等
	名词	あれ、関係、感じ（感覚）、ほう、程、辺（へん）等
	动词	思う、（って）聞く、見える等
	副词	一応、いまいち、おそらく、かなり、けっこう、大体/大低、だいぶ、たしか、たぶん、ちょっと、とりあえず、なんとか、なんとかかん とか、なんとなく、ほとんど、もし、やっぱり、わりと等
	助词	か、くらい、って、て、でも、とか、なあ、など、なんか、なんて、の、ね（ねー）、かな、かね等
	接续词	けど等
	接尾辞	辺り、系（けい）、ごろ、〜っぽい、〜的等
分句层面		うまくいえないが、大ざっぱに言って、大まかに言えば、簡単に言うと、簡単に言えば、厳密に言えば（厳密に言うと）、ごもっともだが、正確には言えないが、正確に言えば、こんなこと言うのなんだけど、（〜の）話によると（（〜の）話では）、はっきりとはわからないけど、僕の知っている限り、（よく）知らない、よくわかんないけど等
词组层面		か言って、っていうか、というふうな、とか思って、なんちゅうの、何ていうの、ふうに、よかったら、ような等
句型层面		かどうか、かないか、かもしれない（かも）、じゃない（じゃん）、そうだ、たりして、〜たり〜たりする、だろ（う）、でしょう、みたい（みたいな）、らしい等

　　下面按在话语中的位置探讨模糊限制语的分类。

　　（7）ご意見はごもっともですが、何分にも限られた職員で運営して

いることから夜間の管理人を増員することはできません。（kwic on web❶）

（8）「逃げられませんか？」

相川の反応はやや意外である。

「できることなら僕は逃げ回りたいよ。僕が逃げたら、そちらへ行くよ」

「ノー・コメントで通したいのです」

「ノー・コメントもいいだろう。しかし、僕としてはもう一つの心配がある。（中略）しかし会社としてノー・コメントばかりで通すのも無責任とは思わないかい？」

「ごもっともですが、下手にしゃべって言質を取られるのもどんなものですかねえ」

（『白い眼』）

（9）隆之は、ぶるっと体を震わせた。

「どこかでやってみようか？」

「本気？」

「本気さ。だってこの死返玉にどんな力があるのか、見極める必要があるじゃないか。そうじゃなきゃ、この玉は使えない」

「だけど怖いわ」

「僕だって怖いさ。でもここまできたら、もう後戻りできない」

ケーブルカーが着いた地上には、幸いにも怪しい人影はなかった。隆之たちはタクシーを拾って、JRの駅を目指した。

とりあえず、宇治谷の神社に戻って、今後の作戦を検討しようということになった。

「念のため、変装をしましょう」

と、麻世がタクシーの運転手に聞こえないように、小声で耳元に囁いた。

---

❶　语言检索网站，能够实时检索并提取含有任意字符的文字。URL：http://languagecraft.com/kwic/.

「どこで?」

と、隆之もごく小さな声で、呟くように言った。

「電車に乗る前のほうがいいわ。東京駅には彼らの目があるかも知れない」

「わかった」

「おっ、お二人さん。仲がいいね」

事情を知らないタクシーの運転手が、能天気に二人をからかった。隆之も麻世も、顔を赤らめた。

（『一千年の陰謀』）

（10）「へんな男の人が高尾さんをたずねてきましたよ。約束より早く来すぎたけど、留守らしいので、入って待たせて頂けませんかッて」

「その人、どうしましたの?」

「私はね、マスターキイはこの頃、置かないことになってますので、開けられません、って断ったんですよ」

「帰りましたの?」

「いえ、そのへんをひとまわりしてくる、って出ましたけど、へんなこと聞くんですよ、旦那さんいますか、とか、一人暮らしですか、とか、子供は、とか、名前はやっぱり高尾ですか、とか。―私、気色悪うて空巣ねらいやないかしらと思て、知りません、知りません、というといたんですけど」

あぐりはすぐ吉岡だな、と思った。

（『ジョゼと虎と魚たち』）

（11）「やはり、上と話しましたが無理でした。残念ですが諦めます」

京介がそう告げた途端、高田はおおいに焦ったそうだ。これほどあっさり引き下がるとは計算違いだったらしい。それもそうだろう。

（『封印された手紙』）

（12）女中の手も借りず、亀右衛門がひとりで取りさばくのを、波川

12

　　周蔵は酒をのみながら黙って見まもっている。

「先生には、こんなもの、お口に合う<u>かどうか</u>…」

　つぶやいた萱野の亀右衛門が、大皿にたっぷりと盛られた輪切りの大根を、菜箸で土鍋の中へしずかに入れはじめる。

（『暗殺者』）

（13）龍之はたった今点けたばかりの煙草をアスファルトの上に踏み消して、足早に交番の方へ向かった。

「すいません。<u>ちょっと</u>お訊ねしますが…」

　スチールのデスクの前で折り畳みの椅子に腰かけていた若い警官が、紺色の制帽のつばの下から上目遣いに龍之を見あげる。

「このへんにですね、シタノヤとかカミノヤとかいったところがなかった<u>かどうか</u>、教えていただきたいんですが」

「あー？」

　警官は組んでいた脚をほどいて、股の上に手を置いた。

「それは何、苗字ですか」

「いえ、そうじゃなくて」

（『駆ける少年』）

（14）萌奈美が病室に戻ると、航一が待っていた。

「どこへ行っていたんだ。」

「…」息をのむ萌奈美。

「ごめんごめん。脅かすつもりはなかったん<u>だけ</u>ど。」

「琴音に電話しようと思ったんだけど、もう遅いし、寝てる<u>かな</u>と<u>思って</u>やめたの。」

「手術は…不安か？」

「…でも、あなたを信じてるから。航一さん。」

「うん？」

「手術が終わったら、私たちのこれからのこと、ちゃんと話し合いた

13

いと思っています。」

「…」

「おやすみなさい。」

「…おやすみ。萌奈美。」

(『冬のサクラ』)

（15）雅彦は念入りに診て、薬を渡した。病状を説明すると、奉行は
安心した様子だ。精神的なものだ。四人でお茶を飲み雑談した
後、雅彦は頃合を見計らい話した。

「先日の江戸見物のことですが、妻とも相談し、どこかの宿に逗留す
ることに決めました。ここから市中に出るには何かと土屋様に迷惑をか
けると思いますので」

りえは浮き浮き顔で両名の顔を交互に見詰めている。

「お願いね。まだどこの宿に泊まるか分からないけど時々遊びに来てね」

当主は先程のにこやかな笑顔はどこへやら、さっと顔色が変わった。

(『ヤング・カップル江戸へ行く』)

关于模糊限制语在话语中的位置，由上述例（7）～（15）可见一斑。比如，「ごもっともですが」[例（8）]、「けど」[例（9）]、「やはり」[例（11）]等出现在话语开头部分的模糊限制语，「ごもっともですが」[例（7）]、「じゃないか」[例（9）]、「ほう」[例（9）]、「けど」[例（10）]、「らしい」[例（10）]、「へん」[例（10）]、「とか」[例（10）]、「やっぱり」[例（10）]、「かしら」[例（10）]、「思て」[例（10）]、「知りません」[例（10）]、「ちょっと」[例（13）]、「かどうか」[例（13）]、「かな」[例（14）]、「思って」[例（14）]、「思います」(例15)、「けど」[例（15）]等出现在话语中间的模糊限制语，「かも知れない」[例（9）]、「ね」[例（9）]、「けど」[例（10）和例（14）]、「かどうか」[例（12）]、「思っています」[例（14）]、「ね」[例（15）]等出现在话语末尾的模糊限制语。其中，「けど」[例（9）、（10）、（14）和（15）]

可用于话语开头、中间和结尾处，即「けど」在谈话中的出现位置相对自由。在此不再一一叙述，按在话语中的位置将模糊限制语分类如下（表1-3）。

表1-3　按出现位置分类

出现位置	实例
可出现在话语开头部分的模糊限制语	あの（一）、あれ、一応、うまくいえませんが、大ざっぱに言って、おそらく、大まかに言えば、かなり、簡単に言うと、けっこう、けど、厳密に言えば（厳密に言うと）、ごもっともですが、こんなこと言うのなんだけど、さ（さあ）、（よく）知らない、正確には言えないが、正確に言えば、、その一、大体/大低、だいぶ、たしか、たぶん、ちょっと、っていうか、〜っぽい、〜的、とりあえず、なんか、なんちゅうの、なんて、何ていうの、なんとか、なんとかかんとか、なんとなく、（〜）の知っている限り、（〜の）話によると（（〜の）話では）、はっきりとはわからないけど、ほとんど、ほら、ま（まー）、もし、よかったら、よくわかんないけど、やっぱり、わりと等
可出现在话语中间的模糊限制语	辺り、あの（一）、あれ、一応、うまくいえませんが、思う、大ざっぱに言って、おそらく、大まかに言えば、か、かどうか、かないか、かな、かなり、かね、かもしれない（かも）、関係、感じ（感覚）、気がする、（って）聞く、（って）聞いた、系（けい）、けど、簡単に言うと、くらい、けっこう、厳密に言えば（厳密に言うと）、ごもっともですが、ごろ、こんなこと言うのなんだけど、さ（さあ）、（よく）知らない、じゃない？、じゃないか、じゃん、正確には言えないが、正確に言えば、そうだ、その一、大体/大低、だいぶ、たしか、たぶん、たりして、〜たり〜たりする、だろう、だろ（う）、ちょっと、っていうか、〜っぽい、〜的、って、て、で、でしょう、でも、と、〜という、というふうな、とか、とか思って、とりあえず、なあ、など、なんか、なんちゅうの、なんて、何ていうの、なんとか、なんとかかんとか、なんとなく、ね（ねー）、の、（〜）の知っている限り、（〜の）話では、（〜の）話によると、ふうに、辺（へん）、ほう、程、はっきりとはわからないけど、ほとんど、ほら、ま（まー）、見える、みたい（みたいな）、もし、ような、よくわかんないけど、よかったら、やっぱり、らしい、わりと等

出现位置	实例
可出现在话语末尾的模糊限制语	思う、か、かどうか、かな、かね、かもしれない（かも）、けど、感じ（感覚）、気がする、（って）聞く、（って）聞いた、じゃない？、じゃないか、じゃん、そうだ、たりして、～たり～たりする、だろう、だろ（う）、って、て、で、でしょう、と、～という、とか、とか思って、なあ、など、の、ね（ねー）、見える、みたい（みたいな）、らしい等

1.4　本章小结

　　本章主要就日语模糊限制语的定义、表现形式和分类进行了分析和探讨。虽提及日语模糊限制语的缓和话语态度和回避责任功能，但未能展开论述。下章主要考察日汉模糊限制语的交际功能。

第2章
日汉模糊限制语的交际功能

不同学者对日语模糊限制语功能的把握也不尽相同。Reiko Itani（1996）将①表示不确定性，回避断言；②缓和话语态度，维护自己和听话人的 face，避免听话人的 face 受到威胁，使会话得以顺利进行，避免损害人际关系；③表示一定程度的确信或责任等作为模糊限制语的功能。辻幸夫（2002）将①缓和断言或直接性的表达；②对句子谓语或名词程度加以修正、限定；③避免直接性等看作其功能。吉村公宏（2004）指出模糊限制语的功能为"确认表达整体的自然度"。入戸野みはる（2008）将模糊限制语的功能归纳为 5 点，具体如前所述。李恩美（2008）将①缓和话语内容；②回避断定等；③缓和听话人和说话人间的紧张等作为模糊限制语的功能并进行了论述。山川史（2008）将模糊限制语的功能归纳为①表示话语内容的不确切性；②表示"待遇"关系（「待遇関係」）（回避责任、礼貌、伙伴意识）。

由以上论述可见，缓和话语态度（「発話態度の緩和」）之功能在不少前人研究中已有涉及。该功能可被看作日语模糊限制语的典型性功能之一。那么，在日语实际会话交际中，说话人在何种前提下使用该功能以及使用该功能的意图何在？这一问题在目前的研究中尚未给予明确答复。

2.1 会话交际中的"使用前提"与日语模糊限制语的交际功能

2.1.1 使用前提（「使用前提」）与缓和话语态度功能

为此，本研究在 Reiko Itani（1996）、入戸野みはる（2003，2004，2008）、李恩美（2008）等前人研究的基础上，收集了含有「かな」「そうだ」「けど」等模糊限制语较多，且涉及模糊限制语的"缓和话语态度功能"的2940 个会话文本，共计约 60 万字。其中日语语料库 ❶2900 个，日本电视剧台词网［2］40 个。接着请两名日语母语者（日本某大学语言方向的研究生）对会话中的模糊限制语进行标注。在标注前，给每人一份日语模糊限制语列表和随机抽取的 500 个含有日语模糊限制语的会话文本，并向他们说明模糊限制语的缓和话语态度和回避责任两大功能。然后让他们在判断的基础上选出具备缓和话语态度功能的模糊限制语并标注出来。之后再请 1 名母语为日语的日本研究生对标注结果加以核实，最终选出了 484 个会话文本。本研究以随机选取的会话中出现的模糊限制语为研究对象，从会话交际中的"使用前提"入手，拟通过对实例的分析和考察，弄清日语模糊限制语的缓和话语态度功能与使用前提的关联。

下面分别从使用前提 I 和使用前提 II 对日语模糊限制语的"缓和话语态度"功能进行考察。

2.1.1.1 使用前提 I

（1）〔場面：恵理のいるカリフォルニアの農場に火事があった。村瀬はアメリカにいる娘の恵理に電話をかけ、恵理が父親の村瀬に消

---

❶ KOTONOHA 现代日语书面语均衡语料库（简称 BCCWJ）。

防車の音を聞いてもらおうとした。村瀬は「もういいよ、わざわざ聞かせてくれなくても」と言ったが、恵理の返事がなかった。たぶん受話器を窓の方へ突き出しているのだろう。「もういいから、話を続けなさい」と叫ぶと、ようやく恵理の声が戻った。会話がそこから始まった。]

「恵理、この前、何度も電話くれた<u>らしいね</u>。何か相談したいことでも出来たのか？

今で<u>よかったら</u>聞くよ」

「たいした用事じゃなかったの。ただ、お父さんが居るはずの時間にいないと、気になって何度もかけちゃうの。次の日になっちゃえば、何とも思わなくなっ<u>たりする</u>んだ<u>けど</u>」

（『月の川を渡る』）

从内容看，例（1）属于日常会话。父亲村瀬得知女儿惠理之前打了多次电话，女儿惠理此刻也非常了解自己的心情，同时两人又是父女关系。因此，这个场景对于二人来说，既是可以断言的，又不需要对话语承担责任。

村瀬在话语中使用了「らしい」、「ね」、「よかったら」等3个模糊限制语，惠理使用了两个，即「たりする」和「けど」。若父亲村瀬说「这前、何度も電話くれた」、「今聞くよ」，不免给女儿惠理留下一种较粗鲁的印象。村瀬通过使用「らしい」（有根据和理由的推量），及表示向惠理确认和征求其同意的「ね」，与女儿惠理站在同等位置进行交流，并能体现出对惠理的爱和体贴。在「今」和「聞くよ」之间插入「でよかったら」，说明并非强迫女儿说出心中事，而是考虑到惠理的心情和情况，将说与不说的判断权交给惠理。另一方面，惠理使用「けど」，表示话说到一半，并未说完，将自己现在的心情委婉地传达给父亲村瀬，并顾及到父女双方的面子，观察父亲的反应。在谈话中，无论村瀬还是惠理，通过使用模糊限制语，避免给对方留下强硬的印象，缓和了父女间的紧张，维护了父女关系。也

就是说说话人通过缓和话语态度，将自己的想法传达给了听话人。

（2）〔場面：俺（名前：幹）は定城と一緒に勉強しようと思って、定城の家を訪れたが、出迎えてくれたのは、定城ではなく、定城の兄の冬樹だった。結局、定城が家庭教師をしてくれた。勉強がいったん終わった後、冬樹は俺に晩飯を勧めてくれた。〕

「そうだ。晩飯、よかったら食っていかないか？今夜、ウチの親遅いんで、俺が作るからたいしたものじゃない<u>けど</u>」

（そこまで甘えていいものか、ちょっと迷う。）

「パスタ、好き？昨日、明太子貰ったから明太パスタにしようと<u>思ってる</u>んだ。もうすぐ夏海も帰ってくるよ」

「…め、迷惑じゃ…」

「全然迷惑なんかじゃないよ。じゃあ、お家に電話しとく？俺が出ようか？」

「い、いえ、大丈夫です」

（なんだか、食べて帰る流れになってしまった。）

（『半熟たまごのレジスタンス』）

"我"（「俺」）和冬树是朋友关系，冬树提议「晩飯、よかったら食っていかないか」，只为了加深友谊，与责任无关。因此对于冬树来说，这是一个可以对自己的话语断定且不需负责的场合。冬树在会话中运用了「けど」和「思ってる」。例（1）已对「けど」的功能进行了论述。

若冬树说「俺が作るからたいしたものじゃない」，也许无法感受到对听话人〔我（「俺」）〕的诚意。通过使用「けど」，在表达了谦逊之意的同时，以话未说完的形式结束话语，等待听话人〔我（「俺」）〕的反应。之后冬树在话语「明太子貰ったから明太パスタにしよう」之后，通过附加「思ってる」，将自己的想法和思考内容委婉的传达给听话人〔我（「俺」）〕。

也就是说，冬树并不想让自己的话语给人一种强硬的感觉，为了会话的顺利展开，且与"我"（「俺」）保持良好关系，冬树在会话中使用了「けど」和「思ってる」。冬树通过使用这些模糊限制语，缓和了话语态度，同时也将自己的想法委婉地传达给了听话人［我（「俺」）］。

　　通过对例（1）~（2）的分析，可将本节论述的模糊限制语的使用前提和交际功能归纳如下。

　　使用前提：说话人可以断言，且无需对自己的话语承担责任时。

　　交际功能：缓和话语态度。

　　使用例词：「らしい」、「ね」、「よかったら」、「けど」、「思ってる」等。

下面通过具体例子检验上述模糊限制语的使用前提及其发挥的相应功能。

（3）〔場面：町子と啓一はほとんど年齢の差がない従姉弟同士だから、気ごころはよく知れている。二人が親しんだ幼少年時代では、町子はいつもまっとうな理屈を説いて少し年下の啓一を諭していたし、啓一は奇妙な思案を披瀝して町子を困らせていた。啓一の祖父はイタリア人である。二人は遺伝のことについて話し合っている。町子が先に言った。〕

「やっぱり先入観のせいじゃないのかしら。人は思いたいことを思うものなのよ」

「うん？」

「あなたは自分の中にイタリア人の血が流れている。そう思っている。事実、その通りなんだから、そう思うのはいっこうにさしつかえないけれど、潜在心理として、そのことを強く信じたいのね。なにか証がほしいのよ。先祖の考えが自分の中に遺伝しているんじゃないか、そう思いたいところがあるのね。あるでしょ？」

「ないとは言えない」

（『風の組曲』）

町子在谈话中使用了「やっぱり」、「けれど」、「ね」、「じゃないか」、「でしょ」等模糊限制语。例（1）已对「ね」进行了论述，在此不再涉及。

若町子直接断定为「先入観のせい」，显得语气较强硬，也许一开始就会给人一种武断的印象，使用「やっぱり」，表明并非自己任意断定，给人一种将考虑后的结论传达给启一的感觉。此外，没有将「そう思うのはいっこうにさしつかえない」以断言的形式告知启一，而是运用「けれど」，缓和了语气。町子通过使用「じゃないか」，以反问的形式，将启一的想法（「先祖の考えが自分の中に遺伝している」）通过自己之口表述出来。接着町子没有直接断定「そう思いたいところがある」，而是通过在其后附加「でしょ」，即以向启一进行确认的形式，在如何让对方接受自己判断上下了功夫。也就是说，町子并不想给启一留下一种武断的印象，为了不破坏与启一的关系，使用「やっぱり」等，缓和话语态度，弱化语气，将自己的主张委婉地传达给启一。

（4）〔場面：妻の優香は一時的に退院して実家で静養していた。僕と優香はこれから家のことについて話し合っている。優香が先に言い出した。〕

「あっ、それから、帰国したら家を建てるって言ってた<u>でしょう</u>。どうする？」

「そうだ<u>なあ</u>。親父に土地もらって、建てる<u>かなあ</u>…」

「ちいちゃな家でもいいの、お庭があれば」

「そうだ<u>ね</u>」

「お庭にいっぱい花を咲かせて、優樹と遊ぶの。優樹喜ぶ<u>と思う</u>よ」

（優香の瞳に力がみなぎってきた。）

「わかってるよ。優樹とキャッチボールできるくらいの庭が欲しい<u>ね</u>」

「どこに建てるの？」

「実家の近くに適当な土地があるんだよ」

「今日、これから見に行きたい<u>なあ</u>…」

「いい<u>けど</u>。でも身体大丈夫？　疲れてない？」

「うん、大丈夫」

「そしたら、行ってみるか」

（『愛と奇跡を信じて』）

　　例（4）是夫妻间的谈话。从谈话内容看，不管对于"我"（「僕」）还是妻子"优香"而言，均没有必要不得不对自己的话语承担责任。在各自的话语中，分别出现了「でしょう」、「思う」、「なあ」等3个、及「なあ」、「かなあ」、「ね」、「けど」等4个模糊限制语。关于「でしょう」、「ね」、「思う」和「けど」，前面已有涉及，在此不再说明。

　　"我"（「僕」）对于妻子优香的提问（「どうする」），并没有很断定地直接以「そうだ」作答，而是通过附加「なあ」，委婉应对优香。此外，通过使用「かなあ」，将自己的决定（「親父に土地もらって、建てる」）以委婉的、而非断定的方式传达给优香。也就是说，夫妻两人通过使用「でしょう」、「思う」等模糊限制语，缓和了话语态度，在表达主张或想法时不给彼此留下强硬印象，酿造了一种温暖的氛围。

2.1.1.2　使用前提 Ⅱ

（5）〔場面：夕子と野々村と叔父の木下と三人でバーで会っている。
　　　木下は席を立つと、カウンターの隅の受話器を取った。「誰からの電話かしら、いやに嬉しそうに話しているわ」と夕子は受話器に向かう木下を見て呟いた。カウンターの隅から戻ってきた木下が二人にいとまを告げる。〕

23

「ちょっと、これから付き合う人がいてね」

（席に戻ってきた木下は、二人に言った。）

「じゃあ、ぼくはこれで失礼する」

「そう。でも、叔父さん、何だか嬉しそうに話していたわね。さ
ては、恋人ができたんだ<u>な</u>」

「えッ、そんなことはない。仕事で会う人がいるんだ」

「そう<u>かしら</u>？」

「そうさ。それより、今のところは、浦山の愛人の回復待ちって
いうことだ。私は夕子の今の推理通り、彼女の口から意外な真相が
とび出すと思うんだが…万が一、思わしい結果が出なくっても、い
つでも私が力になるよ」

「よろしくお願いします」

（野々村はどんと胸を叩く木下に頭を下げた。）

（『二階建＜ひかり＞号の殺人』）

　　在例（5）中，对于夕子而言，无法断定叔叔是否有恋人。从两人的关
系看，没有必要对自己的话语承担责任。尤其在夕子看来，在叔叔面前表
达出自己所想也无妨，也没有必要承担责任。夕子运用了「ね」、「な」和
「かしら」等3个模糊限制语。夕子使用「ね」，表达了征求叔叔同意之意，
同时也给予叔叔否定自己看法的机会。使用「な」，感叹叔叔也许有了恋人。
此外，使用「かしら」，避免了断言，表明自己的疑问和不确定。也就是说，
夕子并不想将自己的想法以强硬口吻告诉叔叔，而是通过运用模糊限制语，
缓和话语态度，弱化语气，将自己的想法等委婉地传递给叔叔。

（6）〔場面：敏子は七代と名刺交換をした後、その名刺をバッグへし
　　　まうと、七代と一緒にデパートを出た。敏子が話を切り出した。
　　　会話はそこから始まった。〕

「七代さん。誘って下さってありがとう」

「いいえ。とんでもない」

「私、やはり研修をすませないと。これで戻るわ」

「そうですか。よろしかったらお食事でも、と思ったんですけど」

「ごめんなさい。今夜は打上げがあるの。出ないわけにも…」

「もちろん。そうなさって下さい」

「じゃあ、これで。また」

「はい、いずれ…」

（七代は、人ごみの中へ足早に紛れて行く敏子を見送った。）

（『死なないで』）

　　敏子和七代并不十分熟悉。七代的话语中出现了「よろしかったら」、「でも」、「思った」和「けど」等4个模糊限制语。由于敏子说必须得完成研修，因此对于敏子是否会答应自己的邀请，七代并没有足够的自信，也无法进行断言。此外，仅仅是邀请敏子吃饭，也没有必要负责。因此，这个会话场景对于七代来说，是无法断言的，也不需要承担责任。

　　七代在会话中通过使用「よろしかったら」，将决定权交由敏子。同时通过「思った」的运用，强调邀请吃饭只是自己的想法而已。「けど」表示话说到一半。也就是说，七代通过使用这些模糊限制语，没有把邀请（「一緒に食事したら」）强加给敏子。即使被敏子拒绝，也能维护自己的面子，同时也能维护与敏子的关系。

　　通过对上述例（5）～（6）的分析，可将本节论述的模糊限制语的使用前提和其相应的交际功能归结如下。

　　使用前提：说话人无法断言，且无需对自己的话语承担责任时。

　　交际功能：缓和话语态度。

　　使用例词：「ね」、「な」、「かしら」、「よろしかったら」、「でも」、「思った」、「けど」等。

下面举例验证上述模糊限制语的使用前提和所发挥的功能。

（7）〔場面：麻里と響子は仲間同士であり、二人は仲間の神崎君と蘇
　　　芳について話し合っている。〕
　　「神崎謙太郎、準備はいいか」
　　（ゲルマの攻撃を避けながら、蘇芳が訊いた。）
　　「もう少しだ。あと一分、持ちこたえてくれ」
　　「この程度の攻撃など一時間でも二時間でもかわしてみせるが、
　いい加減退屈だ。
　　早くしろ」
　　「わかった」
　　（言いながら謙太郎は、キーボードを素早く叩く。）
　　「ねえ、神崎君と蘇芳、妙に気が合ってきてると<u>思わない</u>？」
　　（麻里が響子に訊いた。）
　　「<u>なんか</u>、そんな<u>感じ</u>ね」
　　（響子も頷く。）

（『まぼろし曲馬団』）

　　例（7）中出现了「思わない」、「なんか」、「感じ」和「ね」等4个模
糊限制语。前面已提到「ね」，在此不赘述。若麻里说「神崎君と蘇芳、妙
に気が合ってきてる」，是在以很肯定的形式加以断言。但在例（7）中，
麻里又无法断言，因此在其后加上「思わない」，旨在听取响子的意见。响
子运用「なんか」和「感じ」，未直接表述自己的感想，而是缓和了话语态度，
酿造了一个柔和的谈话氛围。

（8）〔場面：夏実の家。夏美とさやか（夏美の大学の同級生）は夏美
　　　と恋人の修二のことについて対話をしている。〕
　　「どうだった？会って。修二君とやり直すん<u>でしょ</u>？」とさやか。

「…」

「何で迷うの？」

「修二は私とやり直すことを望んでいるの<u>かな</u>。」

「何言ってんのよ。何でお互い遠慮してんの？」

「…」

「ちゃんと言いなよ。明日が最後なんでしょ？学校。」

「うん。」

（『大切なことはすべて君が教えてくれた』）

「さやか」和夏美是一家人。从谈话内容看，该场景对于二人而言，没有必要对自己的话语负责。「さやか」不知夏美和修二君是否重归于好，通过使用「でしょ」，向夏美进行确认。夏美不知修二的想法，通过使用「かな」，以自问的形式表达了修二是否期望与自己重归于好之意，同时也是在询问「さやか」。也就是说，「さやか」和夏美均没有很强硬地将自己的主张传达给对方，而是通过运用「でしょ」和「かな」，避免了断言，缓和了话语态度，并使会话得以顺利进行，维护了双方的关系。

综上所述，可将本节论述的模糊限制语的使用前提和交际功能归结如下（表2-1）。

表2-1　模糊限制语的使用前提和交际功能

使用前提	交际功能	使用例词
Ⅰ.说话人可以断言，但无需对自己的话语承担责任。	缓和话语态度	らしい、ね、よかったら、けど、思ってる（思う）、やっぱり、けれど、じゃないか、でしょ等
Ⅱ.说话人无法断言，且无需对自己的话语承担责任。		ね、な、かしら、よろしかったら、でも、思った、けど、思わない、なんか、感じ等

2.1.1.3 小结

本章将使用前提概念引入模糊限制语研究中，以小说和电视剧台词会话中的模糊限制语为研究对象，从会话交际中的"使用前提"入手，对模糊限制语的缓和话语态度功能进行了分析和考察。通过考察发现，说话人在会话交际中使用模糊限制语，并非想把自己的主张、想法和意见等弄得模棱两可，而是通过缓和话语态度，更有效地将主张传达给听话人。为此，本节将"缓和话语态度"作为日语模糊限制语的交际功能之一。

此外，将使用前提与日语模糊限制语的缓和话语态度这一交际功能间的关系概括为下图（图 2-1）。

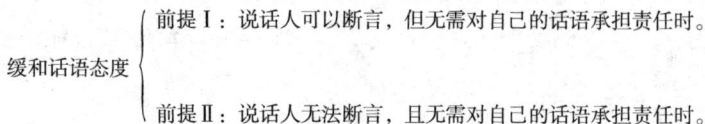

缓和话语态度 {
前提Ⅰ：说话人可以断言，但无需对自己的话语承担责任时。

前提Ⅱ：说话人无法断言，且无需对自己的话语承担责任时。

图2-1 使用前提和缓和话语态度功能

2.1.2 使用前提（「使用前提」）与回避责任功能

本研究主张将前人研究较少涉及的"回避责任（「責任の回避」）"作为日语模糊限制语的另一大功能。2.1.1 节从会话交际中的"使用前提"入手，分析和考察了日语模糊限制语的缓和话语态度功能。经考察发现，在以下两个使用前提下，模糊限制语发挥着缓和话语态度的功能如下。

使用前提Ⅰ：说话人可以断言，但无须对自己的话语承担责任；

使用前提Ⅱ：说话人无法断言，且无须对自己的话语承担责任。

然而，在日语实际会话交际中，说话人在何种前提下使用回避责任之

功能以及使用该功能的意图何在等问题在前人研究中较少涉及。从日语语料库和日本电视剧台词网搜集实例，从中选取含有较多模糊限制语的会话文本（详见 2.1.1），并以会话中的模糊限制语为研究对象，从会话交际中的"使用前提"入手，拟通过对实例的分析和考察，弄清日语模糊限制语的回避责任功能与使用前提的关联。

　　下面分别从使用前提Ⅰ和使用前提Ⅱ对日语模糊限制语的"回避责任"功能进行考察。

2.1.2.1　使用前提I

　　（9）〔場面：風間は、さっきから烏賊崎を疑っているようだった。風
　　　　間は笹本が死ぬ前に関係ない本を持っていたことに対して、疑問
　　　　を持っている。それについて、二人（秀介と優希）に聞いている。〕
　　　　「一つ聞いてもいい<u>かな</u>。笹本は本を持って死んでいた<u>そうだけ</u>
　　　　<u>ど</u>、それが何の本だったか知っている？　君たちは、現場をのぞい
　　　　ていたから見た<u>よね</u>。」
　　　　（アストラルのヒデッチが書いた『熱い歌』だ、と二人は教えて
　　　　やった。）

（『虹果て村の秘密』）

　　例（9）画线部分为模糊限制语。由例（9）可见，说话人风间对笹本之死持有疑惑。此场景对于风间而言，因没有足够证据，无法对死者的死因等进行断言。况且人命关天，若随便以断言的形式发话，事后若出现什么问题，须由自己承担责任。那么，风间在话语中，运用了「かな」、「そうだ」、「けど」、「ね」等 4 个模糊限制语，究竟有何意图？下面逐一加以分析。

　　若从「一つ聞いてもいいかな」中拿掉「かな」，则变成了单纯询问

29

听话人的问话（「一つ聞いてもいい？」），即"入侵"到听话人的信息界域（「縄張り」），听话人或许不愿作答，进而可能产生厌烦心理。但若在「一つ聞いてもいい」后加上「かな」，即以「聞いていいかどうか」的形式发话，不仅采取了回避断言的表达方式，同时也给予听话人回答与否的选择权。这样既可避免听话人对自己产生反感，又能达到发话目的。紧接着风间话语中的「そうだけど」也是如此。在基本属实的内容后附加「そうだ」，将内容以传闻形式传达出去，可减轻说话人对话语所承担的责任。之后附以「けど」，以便给予听话人否定的空间。「ね」用于征求听话人的同意，风间通过使用「ね」，在给予听话人（秀介和优希）否定权的同时，也给自己留有余地，属于一种自我防卫。但需注意的是，虽然风间在话语中加入了「かな」、「そうだ」、「けど」、「ね」等模糊限制语，但风间的主张（「笹本は本を持って死んでいた」、「君たちは、現場をのぞいていたから見た」）已如实地传达给听话人（秀介和优希）。也就是说，风间通过使用「かな」等模糊限制语，其目的并非将自己的主张弄得模棱两可，而是很有效地将自己的主张或意见等传递给对方。

也就是说，在说话人不得不对自己的话语负责时，通过使用模糊限制语，可以回避或减轻发话责任。在这种场合下，可以说日语模糊限制语是一种回避责任的语言手段。

（10）〔場面：「彼女」（容疑者）のことについて、警察の十津川は「彼女」（容疑者）の隣人に聞いている。まず、十津川が会話を切り出す。〕

「何をしていたか、ご存知ですか？」

（と、十津川が聞いた。）

「自分で、OLだと、いっていましたわ。会社の名前は知りません<u>けど</u>、大手の銀行で、働いている<u>って</u>」

「彼女の家族のことは、どうですか？知っていますか？」

「ご両親が、福島のほうにいらっしゃる<u>そうですよ</u>」

「恋人は、いる<u>ようでしたか</u>？」

「ボーイフレンドが、いる<u>って</u>、<u>いっていました</u>わ。日曜日<u>なんか</u>、これからデイトだ<u>って</u>、嬉しそうにしていたのを、覚えていますわ」

「彼が、ここに来たことは、ありましたか？」

「一度、後ろ姿を見たことは、あります<u>けど</u>」

「去年の五月に、突然、いなくなってしまった<u>というんですが</u>、びっくりされた<u>でしょう</u>？」

「ええ。びっくりしましたわ」

「何か、その前に、ありましたか？大きな借金を作って逃げ出したがっていた<u>とか</u>、誰かに、脅迫されていた<u>とか</u>、といったことですが」

「お金には、困っていた<u>みたい</u>ですよ。私にも、お金を貸してくれないかと、いったことが、ありましたから」

「すると、姿を消したのは、お金に困っていたから<u>でしょう</u>か？」

「それは、<u>わかりませんけど</u>、理由の一つには、なっていた<u>かも知れませんわね</u>」

（『東京地下鉄殺人事件』）

　　与例（9）相同，画线部分为模糊限制语。在例（10）中，「隣人」与「彼女」关系并不太熟，对「彼女」的事知道不多；警察十津川在案发前，与「彼女」毫无瓜葛，对她无任何了解。因此谈话双方不能以断言的形式发话，但却有必要对自己的话语承担责任。「隣人」使用了「けど」、「って」、「そうです」、「って、いっていました」、「なんか」、「みたい」、「かもしれません」、「ね」等，十津川运用了「ようでした」、「というんです」、「で

しょう」、「とか」等模糊限制语表述自己的主张或想法。例（9）已分析了「けど」和「そうです」。「というんです」相当于「そうです」，其在例（10）中起到相同作用，在此不再赘述。下面对新出现的模糊限制语的功能加以分析。

如前所述，「隣人」与「彼女」关系不太熟，「彼女」自称在大银行工作，「隣人」也是仅仅听说而已。因此，「隣人」使用了「って」，直接引用「彼女」的话作答。事后若警察十津川发现「彼女」并非在大银行工作（即「彼女が大手銀行で働いているのではない」），也难以追究「隣人」的责任。也就是说，使用「って」，说话人对自己的话语保留被推翻的余地，免于承担一定的责任，达到自我保护。接下来「隣人」的话语「ボーイフレンドが、いるって、いっていました」及「日曜日なんか、これからデイトだって」中出现的「って、いっていました」和「って」也起着相同作用。

此外，在案发前，十津川与「彼女」素不相识，在向「隣人」询问「彼女」是否有恋人时，未直接以「恋人がいましたか？」的形式发问，而是以在句末附加「ようでした」的形式，表达了自己想知道她是否有恋人之意。即使该问题被「隣人」否定，也能在一定程度上确保自己的面子，达到回避责任的目的。紧接着在「隣人」的回答中，出现了模糊限制语「なんか」。「なんか」的用法之一为将其前面出现的名词作为例子列举出来。「隣人」使用「なんか」列举一例，说明自己也不清楚具体情况，或者记忆模糊。另外，十津川使用「とか」，向「隣人」传递了也许会存在「大きな借金を作って逃げ出したがっていた」、「誰かに、脅迫されていた」等两种情况。即便事后发现是另一种状况，对说话人十津川也不会带来影响。

接下来对于十津川的提问，「隣人」以「それは、わかりませんけど、理由の一つには、なっていたかも知れませんわね」作答。其中「分かりません」包含两种含义：一种是确实不知，另一种是明知却佯作不知。「かも知れません」放在话语的末尾，说明有这种可能性，无法断言。「隣人」

在回答「お金に困っていたからでしょうか」时，使用了「分かりません」、「けど」、「かも知れません」等3个模糊限制语。据「隣人」说，「彼女」曾向「隣人」借钱。由此可见，从某种程度上看，「隣人」知道「彼女」在金钱上遇到了困难（即「お金に困っていた」）。因此，「隣人」较明确地表达了自己的主张（「理由の一つには、なっていた」），若事后要为自己的话语承担责任时，由于使用了「わかりません」、「けど」、「かも知れません」等，或许可以免除部分责任或不承担责任。

　　通过对例（9）和例（10）的分析，可将模糊限制语在会话中的使用前提和交际功能归纳如下。

　　使用前提：说话人无法断言，但有必要对自己的话语承担责任时。

　　交际功能：回避责任或减轻责任。

　　使用词例：「かな」、「そうだ」、「けど」、「ね」、「って（いう）」、「そうです」、「ようでした」、「なんか」、「でしょう」、「とか」、「みたい」、「わかりません」、「かもしれません」等。

　　下面通过例子来检验在上述前提下模糊限制语所发挥的功能。

（11）〔場面：僕とK子さんは上の階の奥さんのことについて話し合っ
　　　ている。僕が話を切り出す。〕
　　「それにしても—」
　　　（風邪薬が効いてはいるようだが、身体はやはり熱っぽい。
　　吸っても不味いと分かっている煙草に火を点けながら、僕は云っ
　　た。）
　　　「上の階の奥さん、ずいぶんと細かいことまで話してくれたん
　　ですねえ」
　　　「そうね」
　　（ほっそりとした白い頬に手を当てて、K子さんは少し首を傾げ
　　てみせる。）

　　「U山さんのお仕事の関係で、ミステリ作家の方とも何人かお
知り合いなのよ<u>って</u>、前に話したことがあったから<u>かしら</u>。だか
ら、張り切って詳しく説明してくれたの<u>かも</u>」
　　「ミステリ作家に事件を推理させようと<u>思って</u>、ですか」
　　「なの<u>かもね</u>」
　　「ううむ」

(『どんどん橋、落ちた』)

　　在例（11）中，"我（「僕」）"和「K子」对楼上夫人（「上の階の奥さ
ん」）的情况均不甚了解。此场景对于"我（「僕」）"和「K子」而言，虽
无法对自己的话语加以断定，但需对自己的话语承担责任。此例中出现了
「ねえ（ね）」、「か」、「って」、「かしら」、「かも」等5个模糊限制语。在
例（9）和例（10）中已对「ねえ（ね）」、「かも」的功能进行了分析，在
此不做重复说明。

　　「か」和「かしら」表示不确定性。"我（「僕」）"和「K子」均不十
分清楚楼上夫人（「上の階の奥さん」）究竟认识几位推理小说家，因此
在句尾附加上了「か」。由于不能断定「前に話したことがあった」是否
能成为理由，故在其后加上了「かしら」。从「K子」的反应（「ミステ
リ作家に事件を推理させようと思って、ですか」）看，"我（「僕」）"
通过使用「ねえ（ね）」、「って」、「かしら」、「かも」这些模糊限制语，
有效地将自己的主张和想法（「上の階の奥さん」が「ミステリ作家に
事件を推理させようと思っている」）传达给了「K子」。也就是说，"我
（「僕」）"并非想将自己的主张和想法等弄得模棱两可，而是为了更有效
地将主张等告知「K子」，才使用了「ねえ（ね）」等模糊限制语。即便
以后事实与"我（「僕」）"的判断有偏差，"我（「僕」）"也可免于责任
或减轻责任。

　　另外，「K子」在话语中运用了「ね」、「思って」等两个模糊限制语。

前面已对「ね」进行了分析，在此不再涉及。「思う」为表示想法或思考内容的模糊限制语。通过使用这些模糊限制语，「K子」赞成"楼上夫人已说的相当详细了（即「上の階の奥さん、ずいぶんと細かいことまで話してくれた」）"这一看法，并将"我（「僕」）"的判断（即楼上夫人打算让推理小说家对案件进行推理（「ミステリ作家に事件を推理させよう」）表露出来，即使事后发现事实并非如此，也可回避责任。

2.1.2.2　使用前提 Ⅱ

（12）〔場面：石川家。琴音は自分の将来についてママとやりとりをしている。琴音が話を切り出す〕

「ママ、私さ、美大に行きたいんだ。」

「美大？いい<u>じゃない。</u>」

「でも、私って医者にならないといけないんでしょ？」

「え？」

「おばあちゃん、いつも言うじゃん。パパみたいな立派な医者になって、うちの病院を継げって。」

「琴音は、自分の好きな道に進めばいいんだよ。」

「本当に？」

「もちろん！あなたが生きたいように生きることの方が大切なんだから。」

「そうだよね。じゃ、ママは私の味方してね。」

「…ママをあてにしちゃだめよ。あなたの人生なんだから、やりたいことを見つけたら、しっかり頑張って、仕事も持って、自立して、」

「まだだいぶ先の話じゃん。」

「そうなんだ<u>けど</u>…　いつか思い出してほしいの。ママがこんな

こと言ってたなーって。」

　　「はいはい。わかった。」

　　「…」

(『冬のサクラ』)

　　琴音与"妈妈"就自己的未来进行交谈。琴音和"妈妈"是母女关系，对彼此的事情比较了解。拥有成年人和母亲双重身份的"妈妈"，在这种场合下，需要对自己的话语承担责任。因此，该场景对于"妈妈"来说，可以对自己的话语进行断言，同时也需要承担责任。

　　在"妈妈"的话语中，出现了「じゃない」和「けど」等两个模糊限制语。"妈妈"使用「じゃない」，以反问的形式表达了自己的主张（「いい」），同时也给琴音留有否定"妈妈"主张的权利。通过在「そうなんだ」之后附加「けど」，表达了在反对女儿琴音话语的同时，也给予琴音否定的权利。从琴音的回答（「はいはい。わかった。」）可见，"妈妈"的目的得以实现。通过使用这些模糊限制语，"妈妈"既发挥了作为母亲的责任，也表现出在"女儿"面前不那么强硬的态度，毕竟将来是属于女儿自己的，将决定权委托给女儿，即便将来发生什么事，自己可在一定程度上回避或减轻责任。

（13）〔場面：絵里子と友人の真由美と二人とも絵里子の夫である慎二が浮気していることを知っている。絵里子が息子の駿を迎えに行く途中、真由美から声をかけられる。〕

　　「駿君ママ。」真由美が声をかける。

　　「こんにちは。」

　　「今日、うち寄っていかない？」

　　「ごめんなさい。ちょっと用事があって。」

　　「そっか。いや、あれからご主人とちゃんと話せたの<u>かな</u>ーと<u>思</u>

って。」

　「…これから話すの。」

　「これから？」

　「今日、主人こっちなの。　帰ってきたら、話そうと思ってる。」

　「絵里子さんのことだから、そんな時でも、おっとりと可愛らし〜く　話すんだろうなぁ。」

　「私って、そんなふうに見えてるんだ。」

　「あ…いやあね。あの、褒めてるんだよ。　女って、結局その方が得。男なんて子供と一緒。いたずらした子供を叱るときみたいに余裕を持って、教育的指導よ。」

　「私、そんなふうに軽くは…。」

（『美しい隣人』）

　　例（13）中，绘里子和真由美是较为熟悉的朋友关系。真由美得知绘里子将与丈夫慎二就外遇的事进行交谈后，认为对绘里子说话时要对自己的话语负责。在绘里子说出「あれからご主人とちゃんと話せたかなーと思って」后，可以看出两人在绘里子总有一天会跟慎二就外遇之事进行交谈上达成共识。但由「かな」和「思って」的使用可见，"与慎二已说过"是真由美不确定的判断，实际上是在间接地进行询问。真由美在话语后附加「だろう」，给对方（绘里子）否定自己话语的权利。「なぁ」出现在「だろう」后，说明真由美再次将「話すんだろう」作为自己的判断。接着真由美向绘里子建议要像教育「いたずらした子供」一样对丈夫进行引导。也就是说，真由美在谈话中运用「かな」、「思って」、「だろう」、「なぁ」、「みたい」等模糊限制语，将自己的主张委婉地传达给绘里子。另外，使用这些模糊限制语，说话人（真由美）可回避或减轻责任。

　　以上，通过对例（12）和例（13）的分析，可将模糊限制语在会话中

的使用前提和所具备的相应交际功能归纳如下。

　　使用前提：说话人可以断言，且有必要对自己的话语承担责任时。

　　交际功能：回避责任或减轻责任。

　　使用例词：「じゃない」、「けど」、「かな」、「思って」、「だろう」、「なぁ」、

　　　　　　　「みたい」等。

下面举例验证上述前提下模糊限制语起到的作用。

（14）〔場面：矢野家。主人公の一人である矢野慎二と奥さんの絵里子

　　　　は、隣に引っ越してきた隣人の沙希について会話している。絵

　　　　里子は慎二が沙希とはじめて会ったと思って発話しているが、

　　　　実は沙希が慎二の浮気相手で、慎二がすでに沙希と何回も会っ

　　　　ている。慎二が先に言う。〕

　　「<u>ちょっと</u>ね、飲みすぎたから風に当たってきた。」と慎二。

　　「…そう。お風呂、入れるね。　…ねえ、沙希さんってどうだっ

　た？」

　　「…え？」

　　「初めてでしょ。会ったの。印象どうだった？」

　　「…別に。いい人なん<u>じゃない</u>？」

　　「それだけ？綺麗な人でしょ。」

　　「…ああ、そうだね。」

　　テレビを付けてごまかす慎二。

　　「…」

　　　　　　　　　　　　　　　　　　　　　　　　　　（『美しい隣人』）

　　不管慎二还是绘里子，均与沙希见过几次面。慎二向绘里子隐瞒了以
前与沙希见过面的事实。绘里子不知此事，以为慎二和沙希是第一次见面。

因此，在这种场合下，慎二可以对自己的话语进行断言，但同时也需要承担责任。慎二在谈话中使用了「ちょっと」、「じゃない」、「ね」等 3 个模糊限制语，关于其在谈话中的功能前面已有分析。慎二并未将自己的主张和观点等（「飲みすぎたから風に当たってきた」、「いい人」、「そうだ」）模棱两可化，为了对妻子绘里子隐瞒真相，并让绘里子相信自己与沙希是初次见面，在话语的开头和结尾处使用模糊限制语，防止事态恶化，暂时逃离责任。比如，慎二通过使用「じゃない」，以反问的形式表达对沙希的看法，即使绘里子再有说辞，因自己已听取了绘里子的意见，也可在一定程度上逃脱责任。

综上所述，可将本节中论述的模糊限制语的使用前提和交际功能归结如下（表 2-2）。

表2-2　模糊限制语的使用前提和交际功能

使用前提	交际功能	使用例词
Ⅰ.说话人无法断言，但有必要对自己的话语承担责任时。	回避责任	かな、そうだ、けど、ね、って（いう）、そうです、ようでした、なんか、でしょう、とか、みたい、わかりません、かもしれません等
Ⅱ.说话人可以断言，且有必要对自己的话语承担责任时。		じゃない、けど、かな、思って、だろう、なぁ、みたい、ちょっと、じゃない等

2.1.2.3　小结

同 2.1.1，本节将使用前提概念引入日语模糊限制语研究中，以小说和电视剧台词会话中的模糊限制语为研究对象，从会话交际中的"使用前提"入手，对日语模糊限制语的另一大功能——回避责任功能进行了分析和考察。2.1.1 通过分析和考察发现，当（1）说话人对信息把握程度大，确信

度高，可以断言，但无需对自己的话语程度责任时（2）说话人对信息把握程度不大，确信度低，无法断言，且无需对自己的话语承担责任时，会话中的模糊限制语通过缓和话语态度，可以将说话人的主张等更委婉、更有效地传达给听话人。即此时会话中的模糊限制语通常发挥着缓和话语态度的功能。同样地，本节通过考察发现，当（3）说话人对信息把握程度不大，确信度低，无法断言，但有必要对自己的话语承担责任时（4）说话人对信息把握程度大，确信度高，可以断言，且有必要对自己的话语承担责任时，在会话中通过模糊限制语的使用，并非将自己的主张或看法等弄得含糊不清，而是为了使之明确表达出来，即使以后事实与说话人的主张、判断等有偏差，也可在一定程度上回避或减轻责任。即此时会话中的模糊限制语发挥着回避责任的功能。2.1.1 将上述（1）、（2）称为使用前提 I、II，本节将（3）、（4）也称为使用前提 I、II，但所指内容不同。综上，本节将使用前提与日语模糊限制语的两大功能间的关系概括为下图（图 2-2）。

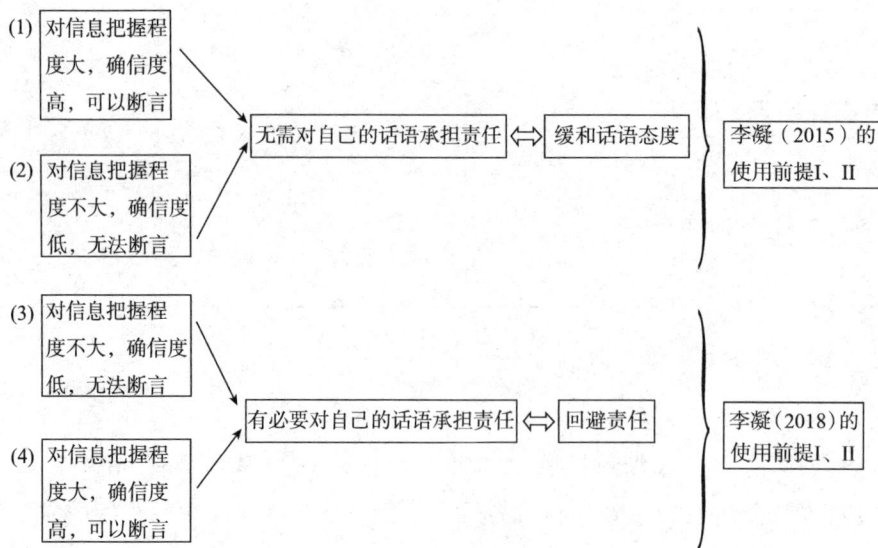

图 2-2　使用前提与两大功能的关系图

如图 2-2 所示，"使用前提"不同，日语模糊限制语所发挥的功能也不尽相同。无论说话人对信息的把握程度如何，无需对话语承担责任时，会话中的模糊限制语通常起着缓和话语态度的作用；反之若需要对话语承担责任，模糊限制语则发挥着回避责任的功能。

2.2　汉语模糊限制语在谈话中的使用情况及交际功能

模糊限制语自诞生以来，便引起了研究者的广泛关注。从整体看，不同的研究者偏重点不同，对模糊限制语功能的把握也不尽相同。Lakoff（1972）主张真或伪的值属于程度问题，模糊限制语可以将自然语言句更真或更伪，即说话人可以通过模糊限制语弱化或加强对自己发言的确信度。Brown & Levinson（1987）指出"有些语言中助词在很大程度上担负着模糊限制语的功能"，并列举出日语的「ね」。在中国，冉永平（2006）引用了 Lakoff 对模糊限制语的定义，指出模糊限制语的功能涉及多个方面，关系到各种上下文要素。黎千驹（2007）将模糊限制语的语用功能归纳为三点，即（1）改变隶属度，使表义更准确；（2）改变明晰中心词或明晰命题的真挚条件，使表义更具灵活性；（3）增强或缓和肯定、否定的语气等。张勇（2010）指出，变动型模糊限制语在言语交际中，可以避免说话武断，使说话更具有客观性；同时通过使用缓和型模糊限制语言，可以就话题内容直接做出客观的测度，或提出客观的依据，对话题作间接的评估。此外，还有不少中国研究者围绕模糊限制语与 G.Leech（1983）的"礼貌原则"（得体准则、慷慨准则、赞誉准则、谦逊准则、一致准则、同情准则）、H.P.Grice 的合作原则［质量准则（Maximofquality）、数量准则（Maximofuqantity）、关系准则（Maximofrelevance）、方式准则（Maximfomanner）］、Brown 和 Levinson（1978，l987）的"面子理论"之间的关系展开研究，揭示模糊限制语在交际中的语用功能等。

例（15）节选自央视综合频道谈话节目《首席夜话❶》（2012年10月
28日播出）开头部分，是主持人撒贝宁（包括特邀主持乐嘉）与嘉宾李宇春
（以下简称"L"）的谈话。L在节目开始使用了"我觉得""最""对于我来
讲""比较""可能"等模糊限制语，其中"我觉得"在L的谈话中出现了3次。

（15）撒贝宁：是的。今天第一次来到《首席夜话》，而且也是第一次站
　　　　　　　在中央电视台的屏幕上。我们知道你刚刚发行了一张新
　　　　　　　专辑，为什么叫《再不疯狂就老了》？

　　　　　L：我们就老了。

　　　撒贝宁：因为我已经老了。所以我把我排除在我们之外，说的是你们。

　　　　　L：嗯（点头）。

　　　撒贝宁：为什么？

　　　　　L：我觉得再不疯狂我们就老了。就是我当下心里面最直接
　　　　　　　的感受。

　　　撒贝宁：嗯，那你怎么理解疯狂这两字？

　　　　　L：嗯，我觉得每一个人的疯狂……

　　　撒贝宁：都不一样？

　　　　　L：都不一样，那其实对于我来讲，我觉得疯狂反而是比较
　　　　　　　平凡的一些经历。

　　　撒贝宁：你最想去做的一件、你还从来没有做过的、但是在你内
　　　　　　　心深处可能是极其疯狂的一个事，会是什么？

　　　　　L：呃…可能只是步行于闹市。

（《首席夜话》和撒贝宁谈"第一次"）

由例（15）可见，模糊限制语频繁出现于日常谈话中，与谈话息息

---

❶ 《首席夜话》是从2011年8月7日央视综合频道重磅推出的一档聚焦于文化现象、影视戏剧
作品及具有影响力的人物的全新谈话节目，也是目前央视重要的主流谈话节目。

相关。纵观前人研究，对谈话中模糊限制语的研究尚不多见。那么，在日常谈话中经常出现的模糊限制语有哪些？这些模糊限制语具备什么功能呢？本研究拟以 5 期《首席夜话》节目中的汉语模糊限制语为对象，分析和考察年轻人谈话中经常出现的模糊限制语的使用情况，并探讨其在谈话中的功能。

2.2.1　考察和分析

2.2.1.1　使用语料

由于《首席夜话》的邀请嘉宾年龄不等，职业多样，为便于统计分析，本节以 5 位 "80 后" 及 "90 后"［分别为歌手李宇春（L）、奥运冠军孙杨（S）、歌手吴莫愁（W）、演员杨幂（Y）和张静初（Z）］为对象，从中抽取了谈话中含有模糊限制语的 5 期节目（表 2–3）。

表2–3　《首席夜话》5期节目概况

播出时间	邀请嘉宾	嘉宾性别	访谈主题	节目时长
2012.10.28	L	女	和撒贝宁谈 "第一次"	47分27秒
2012.09.16	S	男	破纪录夺冠军之路	49分12秒
2012.12.02	W	女	我就是我	49分42秒
2013.06.09	Y	女	Y的红与黑	39分59秒
2013.06.16	Z	女	只做自己	39分52秒

本节将以上 5 期谈话节目内容文字化，以 5 位年轻嘉宾谈话中出现的模糊限制语为研究对象，并对其加以统计分析。

2.2.1.2　5位嘉宾模糊限制语的使用种类和使用次数

首先对 5 位嘉宾谈话中模糊限制语的使用种类和次数分别进行了统计（表 2–4）。

表2-4　5位嘉宾谈话中模糊限制语的使用情况

嘉宾 使用种类/次数	使用种类	使用次数
L	33	202
S	35	338
W	26	124❶
Y	32	267
Z	30	331

　　5 位嘉宾谈话中使用次数居前十的模糊限制语如下（图 2-3、图 2-4、图 2-5、图 2-6、图 2-7）。

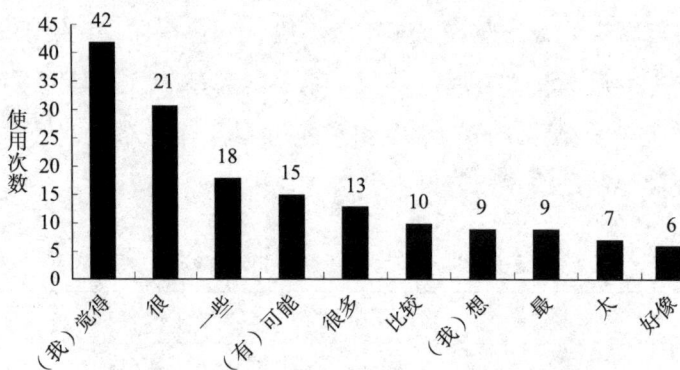

图 2-3　L 谈话中使用次数居前 10 位的模糊限制语

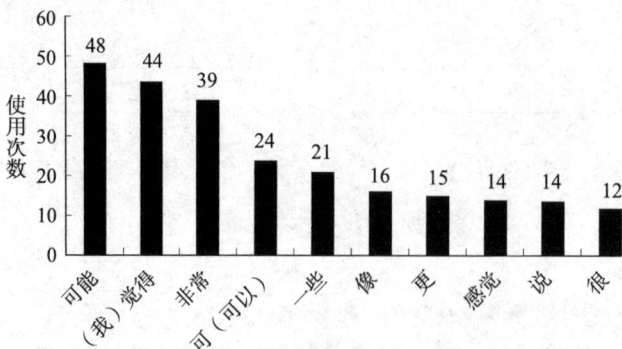

图 2-4　S 谈话中使用次数居前 10 位的模糊限制语

---

❶　在节目中，歌手 W 与另一位嘉宾一同接受采访，其他 4 位嘉宾独自接受采访，所以 W 与主持人的交谈时间没有其他 4 位嘉宾长，相应地，谈话中模糊限制语的出现次数也没那么多。

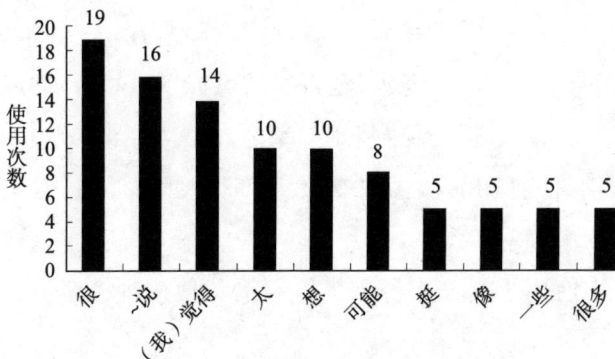

图 2-5　W 谈话中使用次数居前 10 位的模糊限制语

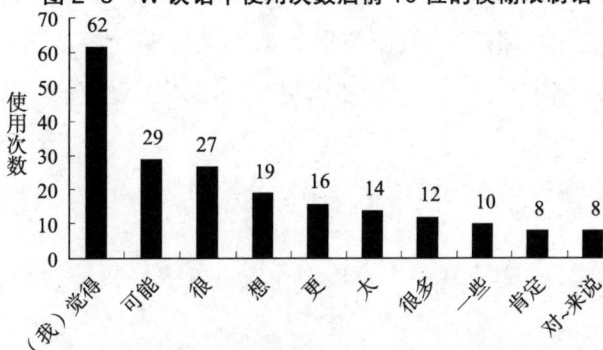

图 2-6　Y 谈话中使用次数居前 10 位的模糊限制语

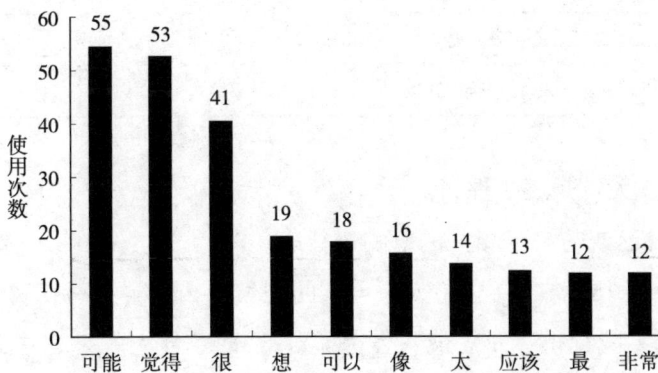

图 2-7　Z 谈话中使用次数居前 10 位的模糊限制语

经统计发现：

① 在5位嘉宾谈话中，"（我）觉得""可能""很"等3种模糊限制语
均位居前10，说明在谈话中使用频率之高。

② 使用次数不在前10的模糊限制语，如"大概""基本上""相当"
等，使用频率普遍较低。

③ 5位嘉宾均使用了二三十种模糊限制语，使用种类丰富，但分布较为
分散。

④ 个别年轻人用语体现了谈话中语言的发展变化。比如，程度型模糊限
制语"很"和"挺"一般修饰形容词和某些动词等，不能修饰名词，
但在W和Z的谈话中，出现了"很男孩""挺工作狂的"等表达方式。

2.2.1.3　5位嘉宾模糊限制语的出现场景及其功能

经考察发现，模糊限制语主要出现在以下3大场景（表2-5）。

表2-5　5位嘉宾谈话中模糊限制语的主要出现场景

A.对自己或与自己相关的事物进行表述时。
B.对自己与他人的关系进行表述时。
C.对话题中出现的人与事物进行表述时。

下面对3大场景逐一探讨。

A．对自己或与自己相关的事物进行表述时。

比如，例（15）中，在主持人撒贝宁问到为什么"再不疯狂我们就老了"
话题时，L用"我觉得"及"最"表达了自己、而非他人内心的看法。用"我
觉得"及"对于我来讲"讲述了自己对"疯狂"的理解，用"比较"对"平
凡"加以限定，表达精确。"可能"显示了自己内心的不确定性。或许对于

L来说，除了"步行于闹市"之外还存在其他选择，但在当时谈话场景下，L只说出了该选择。

（16）乐嘉：请问从小到大，最失误的一次决定是什么？还是你认为你做的每一个决定都是对的，从来没有过错误？

Y：肯定有过错误啊，但是就觉得错就错了呗。我在做错的事情上，我也可以学到很多东西。我觉得做错的每一件事情，无论是大的还是小的，对我来说，都是非常棒的体验跟经历，这肯定不是官方话，但我觉得做错的事情，反而让我觉得会更有意思。

（《首席夜话》Y的红与黑）

在例（16）Y的回答中，出现了"肯定""（我）觉得""可以""很多""对我来说""非常""更"等模糊限制语。其中，"肯定""很多""非常""更"加强了发话语气。"（我）觉得""可以"在某种程度上弱化了话语态度，将自己对问题的看法委婉地传达给听话人。"对我来说"对后面的话语内容加以限定，体现了Y在表达上的精确性和严谨性。

（17）乐嘉：实际上关于外界，对于Z的、不要说绯闻连传闻其实都很少，就是相对来讲，曝光率是比较低的，所以接下来，我特别想向你请教一个问题：请问你是刻意在保持自己的神秘感吗？

Z：应该是刻意在保持，但是不是神秘感，是一个空间吧。我可能一方面在享受这种、可能知名度给你带来的很多便利，同时我觉得又不要太过，就是你还有自己的这个空间啊，我是觉得这种状态是完美的。

（《首席夜话》只做自己）

Z 在回答是否"刻意在保持自己的神秘感"问题上，用"应该"委婉地表达了自己的观点，但同时主张自己保持的不是"神秘感"，而是"空间"。但在权衡知名度和个人空间的关系时，用"可能""觉得"将自己认为的完美生活状态委婉地传达给听话人，易于听话人接受。

B. 对自己与他人的关系进行表述时。

（18）新鲜族：……然后我就会想，S 哥你会不会也对自己的未来，有这样的担忧，就自己未来该何去何从，或者说等自己，就是可能体力不支啊，或者是退役以后，呃，有什么发展的方向，然后会不会回归自己心中最初的梦想？

撒贝宁：你这个问题好大呀。对，S 现在 21 岁，是吧？

S：到 12 月 1 号正好。

撒贝宁：到 12 月 1 号？

S：对。

撒贝宁：是 21 岁。呃……游泳运动员的巅峰状态一般是在？

S：可能在 20 ~ 25（岁）吧。这个其实就从翔哥说起来吧，从刘翔，因为我跟他私下也是非常好的朋友，其实伦敦奥运会开完，我看了他那场比赛，其实心里非常难过。因为可能刘翔起步，他身边的团队人会更多一些，然后肩负背负的压力和使命会更多一些，呃，可能我起步的话，身边周围帮助的人较少可能，只是我的教练，和我身边一些医生、团队，越少的人帮助，所以我可能压力，可能并不是感觉那么大。再就是我之前说的，可能思想和"80 后"跟"90 后"有一些区别可能……

（《首席夜话》破纪录夺冠金之路）

S用"非常好""非常难过"分别强调了自己与刘翔私下关系之好以及在伦敦奥运会刘翔因伤退赛后的难过心情。在论及刘翔时，S使用了"可能""更"等模糊限制语，既显得谨慎，又突出刘翔及其团队的人员及使命之多。在与刘翔做比较时，S使用了"可能"（5次）、"一些"（1次）显得说话更为谨慎严密，力图用词精确，以防在表述上出差错。

（19）撒贝宁：有人说这么一句话，不知道你喜不喜欢，说、说你是中国的 Ladygaga（嘎嘎小姐）。

　　　　W：呃，这句话很重要。就是我要说一下，说我是 Ladygaga（嘎嘎小姐）的话，这个 Gaga（嘎嘎小姐）的粉丝会很郁闷的。因为我首先也<u>很</u>喜欢 Gaga（嘎嘎小姐），包括 Jessic J（杰西 J），她们有自己的写作的、各方面的那种<u>很</u>、<u>很</u>有才华，她们有<u>很多</u>好的作品，然后呢，<u>大家说我像</u> Ladygaga（嘎嘎小姐）或者<u>说像</u> Jessic J（杰西 J），只是一个，<u>可能</u>是一个表面的东西吧，<u>但</u><u>实际上</u>要凭良心说的话，我的造型有 Gaga（嘎嘎小姐）夸张吗？我及得上她吗？

　　　　　　　　　　　　　　　　　　（《首席夜话》我就是我）

当被人称为"中国的 Ladygaga（嘎嘎小姐）"时，W首先用"很"一词强化了自己对她的喜爱之情，接着用"很""很多"对她大加赞扬。同时用"大家说我像""说像"道出"大家"的评价，同时指出评论源自"大家"，在一定程度上可以回避责任。然而在W来看，自己不及 Ladygaga，所以在谈话中使用了"可能""实际上"等模糊限制语，既道出了实情，又显得自己说话严谨、谦虚，易博得听话人好感。

C. 对话题中出现的人与事物进行表述时。

（20）撒贝宁：演唱，创作和企划。你觉得企划是一份什么样的工作？

L：<u>我觉得</u>是一份<u>很</u>有创意性的工作。因为一张唱片从零到大家拿到手上，其实每一步都是计划，计划好的。

撒贝宁：所以企划应该是整个唱片诞生过程中各个环节都会有的。

L：对。

撒贝宁：这份工作难吗？

L：<u>挺</u>、<u>挺</u>辛苦的。

撒贝宁：让你觉得最头疼的企划的过程是什么？

L：哦，<u>我觉得比较难</u>的是艺人定位。

（《首席夜话》和撒贝宁谈"第一次"）

在回答主持人撒贝宁提出的"企划是一份什么样的工作"这一问题时，L先后使用了"我觉得""很""挺""比较"等4种模糊限制语。由于L自己曾经做过企划，对这份工作有一定的了解和认识，因此在作答时L用"我觉得"直接表述自己的看法，而非引用他人的观点，同时用"很"这一程度型模糊限制语加强和突出了企划的"创意性"，用"挺""比较"在相当大程度上肯定了这份工作的辛苦及头疼之处。

（21）撒贝宁：但是我听说那天其实还是有一些因素可能会让你有一点压力和紧张。有一个故事，不知道是真是假，说你在比赛之前准备的时候，在休息室里，呃，好像是代表团的领导吧，来看你，进来以后，说了两句话。第一句话是，今天一定要拿金牌，第二句话是，别紧张啊。有这事吗？

S：这个是当时是第一天400（米）自（由泳）的时候。

撒贝宁：第一天400（米）的时候。

S：因为1500（米）是最有把握，400米是前一天晚上，我们教练去，上面领导开完会，领导把意思传达给我们教练，因为我们教练他<u>一直</u>是<u>非常</u>低调的，心态就是怎么说呢，

<u>可能</u>不是说心态，并不是说释放得那么的好，因为我们教练身体不好，大家也都知道，然后<u>可能</u>有一些病情会影响他的情绪，压力会<u>更</u>大一点，然后400米，他当时就说了这么一句话，<u>他说</u>领导给我传达的，中国游泳成与败不看女的，就看男的，就看你明天能否拿金牌，你拿金牌中国游泳就成了，你要是输了中国游泳又要落后一个时代了，然后拥抱一下，然后最后一句话，不过也不要紧张，没关系。

（《首席夜话》破纪录夺冠金之路）

S与自己的教练在一起训练多年，对教练有一定的了解，在论及教练时，S用"非常"强调了教练一贯低调的作风，用"更"强调了关键赛事前教练的压力不小，同时由于自己对教练赛前的心态、情绪也不是十分了解，因此在谈话中使用了不太确定的语气（比如"可能"的使用）。"他说"一词道出接下来话语内容的来源，既显得严谨，又在一定程度上回避了因话语引发的责任纠纷。

（22）乐嘉：下一题。请问在你演过对手戏的男演员当中，哪个是你最欣赏的？

　　Y：×××和○○○吧。

乐嘉：欣赏他们的什么？

　　Y：<u>我觉得</u>是专业。比如说××大哥，其实他的普通话并不是很好，但是他完完全全要坚持自己的台词全都用普通话来说。如果不拍他的戏的时候，<u>几</u>个小时他就在现场坐着等。

乐嘉：○○○呢？

　　Y：他<u>非常</u>拼命，他真的<u>非常</u>拼命。<u>很多</u>摔的、打的动作，我看到的、我在现场的，看到过<u>好多次</u>的，都是他自己来做，而且是自己跟导演要求提出来要的。

（《首席夜话》Y的红与黑）

在讲述与自己合作的男演员×××时，Y在话语开头使用"我觉得"，阐述自己的认识和观点，显示了表达的严谨性。同时用"几"强调了×××的敬业精神。在讲到○○○时，用"非常""很多""好多"等模糊限制语强调了他的努力、执着及敬业精神。通过对例（15）~（22）的分析，可将模糊限制语的出现场景及相应功能归纳如下（表2-6）。

表2-6　模糊限制语的出现场景及相应功能

出现场景	功能	例词
A.对自己或与自己相关的事物进行表述时	①对接下来的表述内容加以限定，使表达显得严谨	我觉得、最、对于我来讲、比较、可能、肯定、可以、很多、非常、更、应该等
	②不妄加断言，表示不确定的语气	
	③加强语气，突出所要表述内容	
	④缓和语气，将自己的观点或看法等委婉地传达给对方	
	⑤引用他人话语，既显得严谨，又在一定程度上回避了责任，保护自己	
B.对自己与他人的关系进行表述时	①加强语气，突出所要表述内容	非常、可能、更、一些、很、很多、大家说我像、说像、实际上等
	②表达严谨、谦虚，易博得听话人好感	
	③引用他人话语，既显得严谨，又在一定程度上回避了责任，保护自己	
C.对话题中出现的人与事物进行表述时	①加强语气，突出所要表述内容	我觉得、挺、比较、他说、几、非常、很多、好多等
	②不妄加断言，表示不确定的语气	
	③缓和语气，将自己的观点或看法等委婉地传达给对方	
	④用他人话语，既显得严谨，又在一定程度上回避了责任，保护自己	

由表2-6可见，在日常谈话中，模糊限制语的出现及其发挥的作用有一定的规律性。我们可以有选择有意识地使用这些模糊限制语，为我们的

谈话服务，促进谈话有效、顺利地进行。

2.2.2　小结和今后的课题

　　本研究以参加《首席夜话》访谈节目的 5 位 "80 后" 及 "90 后" 嘉宾在谈话中使用的模糊限制语为研究对象，对谈话中年轻人模糊限制语的使用情况及其功能进行了考察和分析，探讨了模糊限制语在谈话中的使用规律。与日语模糊限制语相比，汉语模糊限制语除具备表示不确定、缓和语气、回避责任等功能外，还能 "加强语气，突出所要表述内容"（比如 "非常" "很" 的使用等）。另外，关于性别、职业及年龄对模糊限制语的使用是否产生影响等，由于此次收集的数据有限，本研究未能涉及，将作为今后的课题。

2.3　日语模糊限制语在儿童会话中的使用情况考察

　　（23）A46[1]：ちょっと私　私は役員できないんだけれども　もしあな
　　たができそうならばちょっと大変かもしれないけどやっ
　　てもらえない？

　　例（23）是请求关系亲密友人担任居委会某职务（「役員の依頼」）场景。一般来讲，一提起 "居委会某职务"，或许会让人觉得责任重大且负担较重。说话人在请求关系亲密友人担任居委会某职务时，意味着将责任推给对方，且给对方造成一定负担。在例（23）中，说话人使用了「ちょっと」、「けれども」、「もし」、「かもしれない」、「けど」等模糊限制语，将 "居委会某职务"（「役員」）的工作内容轻描淡写，以含糊的措辞叙说工作辛苦

---

　　❶　采访调查顺序的 ID 编号，A98 同。参看李凝（2014）。

程度，由此一来，便可从应承担的责任中脱离出来。例（24）是"请朋友留下吃饭"（「食事の勧め」）场景。在例（24）中，说话人使用了「かどうか」「分かんない」「けど」等模糊限制语，用于回避责任，同时在实施请求行为（「食べてみて」）的话语前附加上「ちょっと」，缓和了话语态度。

（24）A98：<u>御口に合うかどうか分かんないけど</u> 一生懸命作ったんで <u>ちょっと</u>食べてみて

上述两个例句中画线的「ちょっと」、「けれども」、「もし」、「かもしれない」、「けど」等是日本人日常谈话中常用的语言之一。在模糊语言学领域，这些词通常被称为模糊限制语。截至目前，有关成人会话及成人会话中模糊限制语的研究已有不少（泉子・K. メイナード（1989、2005），沖裕子（2006），山岡政紀（2008），Reiko Itani（1996），入戸野みはる（2003、2004、2008），李凝（2014、2015）等）。然而正如下道省三（2010）所指，我们对于同儿童会话交际的研究还不够充分（原文：子どもとのコミュニケーションについて我々は今のところ十分な研究をしていないのではないだろうか）。在儿童会话交际中，儿童语言（「子どものことば」）中是否含有模糊限制语及其使用情况如何等问题在前人研究中较少涉及，为弄清会话交际中儿童模糊限制语的使用情况及其成因，本研究主要对以下问题展开考察。

①儿童语言中是否含有模糊限制语；

②儿童从何时开始使用模糊限制语；

③儿童语言中模糊限制语的使用情况，兼与成人会话的对比分析。

2.3.1　考察和分析

2.3.1.1　儿童语言中是否含有模糊限制语

（25）アリちゃん：あこちゃん、これ。どうする。これ、見て。

　　　　　母：ん？

　　アリちゃん：これ、ほしい<u>でしょ</u>、これ。

　　　　　母：うん。

（26）アリちゃん：これ、はい。ぐるぐる。楽しい<u>でしょ</u>？ねー。

　　　　　母：うん。

　　アリちゃん：ぐるぐる巻いたらねー、ちきねるそ、ぐるぐるーって
　　巻いて。

　　　　　母：おいしょ。アリちゃんちょっとごちゃごちゃだね。

　　アリちゃん：これ。とって。

　　　　　母：これなん（？）。車、車。

　　アリちゃん：ちゅ？

　　　　　母：車。

　　アリちゃん：くるまさん。これおいしいものちゅくるんです<u>ね</u>。
　　ねー。

　　　例（25）～（26）❶是「アリちゃん」与妈妈（「母」）的会话。在「アリちゃ
ん」的话语中，出现了「でしょ」「ね」等模糊限制语。对比例（23）～（24）
不难发现，虽然模糊限制语的出现频率不如成人话语中的高，但儿童话语中
也存在一些模糊限制语。「でしょ」指「アリちゃん」自己的推断或推测，

---

❶　出自"http://www2.aasa.ac.jp/people/smiyata/CHILDESmanual//chapter04.html"中的"MiiPro
语料库（MiiPro コーパス）"。例（35）、例（37）、例（38）、例（39）同。

避免了断定，同时征求妈妈的同意。「ね」以征求妈妈意见的形式表达出自己的想法，同时也给妈妈否定的选择权，回避了断言。但与成人会话中的「ね」所不同的是，「アリちゃん」话语中的「ね」的含义并不那么丰富，不具备"给自己留有否定的回旋余地，事后也可逃脱对话语的责任"功能。这或许是由于「アリちゃん」刚会说话不久，年纪尚幼，语言水平并不那么发达，思维和认知也未达到一定的水平。

2.3.1.2 儿童从何时开始使用模糊限制语

（27）長男2歳7ヶ月、次男1歳4ヶ月の時❶

　　　長男：○○、大人になるって大変なことなんだぞ。

　　　次男：そうなの？

　　　長男：知らないのか。兄ちゃんが教えてやる。まず、車の運転が
　　　　　　できなくてはいけない。道を知ってなきゃいけない。それ
　　　　　　から病院に行ってお金を作らなくてはいけないんだ。

　　　次男：にいちゃんすごい<u>ね</u>！何でも知ってる<u>ね</u>！

　　　長男：うん（得意げな返事）

（28）おとこ3歳

　　　髪の毛を紫色に染めたおばあちゃんを見つけた。

　　　「ぶどうを食べ過ぎちゃったんだ<u>ねえ</u>…」　（下道省三，2010）

（29）おとこ4歳

　　　かいじゅうというのは　おうちがきらいなんだよ　おとうさん
　　　　　しってる？

　　　―ほんとかい？

　　　うん　そうだよ　だっておうちをこわしちゃう<u>だろ</u>　ぼく　テ
　　　　　レビでみたもん（同上）

---

❶　出自 "http：//komachi.yomiuri.co.jp/t/2007/0913/147306.htm?from=yoltop"。例（36）同。

（30）❶おんな5歳

　　先日、ウエディングドレスのコマーシャルをみて、

　　私：なーちゃん、誰と結婚するのかなぁ？

　　娘：まだ決めてない。…夕方になったら決める<u>ね</u>！

（31）おとこ8歳

　　―マルコメ（まろぼうず）にしたら、きっと、かわいいよ。

　　じぶんの、こどもだから<u>じゃないの</u>？　　　　（下道省三，2010）

　　例（27）～（31）为1岁零4个月～8岁儿童的会话。在例（27）中，
1岁零4个月的"次男"的话语中就已经出现了模糊限制语「ね」。由此可
以判断，模糊限制语的使用与年龄无关，随着1岁半左右儿童的语量开始
增多，儿童话语中也开始出现零星的模糊限制语。

2.3.1.3　儿童语言中模糊限制语的使用情况

　　下面以儿童间的会话、成人与儿童间的会话为例，并与成人间的会话
加以比较分析，着重考察儿童语言中模糊限制语的使用情况。

　　2.3.1.3.1　儿童间的会话

（32）❷（场景：真希（9岁，女）在妈妈发生意外伤害事件后，被带
　　　　进了儿童福利院"小水鸭之家"（「コガモの家」）。她被安
　　　　排与因不同理由而与父母分离的"班比"（「ボンビ」，9岁，
　　　　女）和"琴美"（「ピア美」，9岁，女）等住在同一房间。下
　　　　面是真希初入房间时的情景。真希说妈妈会担心的，自己必须

---

❶　例句出自 URL：http：//komachi.yomiuri.co.jp/t/2007/0913/147306.htm?from=yoltop.
❷　例句是电视剧《明天，妈妈不在》（『明日、ママがいない』）中的台词，出自日本电视剧台词网：
「どらま・のーと」台词网（http://www.dramanote.com）。例（33）、例（34）、例（40）、例（41）、
例（42）、例（43）、例（44）同。

得回去，琴美开始发话。）

「でもあんたのママ彼氏のこと殺しちゃったん<u>でしょ</u>。ダメ<u>じゃ</u><u>ん</u>。」とピア美。

「こ、殺してない。」

「そうなの？でもドンキで殴った<u>って聞いた</u>よ。」

「な、殴ったけど…　死んでない。」

「そうなんだ！丈夫なんだ<u>ね</u>！ママの、彼氏。」とボンビ。

「大体、ママには無理だもん。泣き虫だし、1人じゃご飯も作れないし、オバケも嫌いだし、そんなママに人殺しなんて無理。」

「痴情のもつれっていうん<u>でしょ</u>？男と女の間って、何があるか<u>分からない</u>よね。」とボンビ。

「何でそんなこと知ってるの？」と真希。

「魔王がアイスドールと電話してんの<u>聞いちゃった</u>。」

真希的妈妈因出手伤害恋人被捕，真希在事发现场，比较清楚当时的情况，因此相对于房间里的其他人而言，她对自己的话语可以断定，在会话中几乎没有使用模糊限制语（除「殴ったけど」中的「けど」外）。"琴美"（「ピア美」）和"班比"（「ボンビ」）不在现场，通过魔王和冰娃娃的通话得知真希的妈妈用钝器打伤了恋人，因此琴美用「でしょ」向真希加以确认，在「ダメ」后附加「じゃん」委婉表达该做法不可行。紧接着用「って聞いた」「聞いちゃった」表明信息来源，避免了承担责任。"班比"用「ね」征求真希的同意，通过使用「ね」，在给予真希否定权的同时，也给自己留有余地；用「でしょ」表达自己的推测，同时由于自己并不在场，确实不知当时的情况（「分からない」）。也就是说，真希由于对事情经过和自己的妈妈有一定的了解，因此表现在语言上，多用断定的形式（比如「こ、殺してない」等）；而"琴美"和"班比"与真希初次见面，对事情的来龙去脉和真希的妈妈也并不了解，仅仅是通过听到他人通话得到的信息，所以在语言表达上，多采用含有模糊限制语的表达方式。

（33）（场景："邮箱"拉着真希去她妈妈的新家，真希一开始不情
　　　愿，让"邮箱"放开她。）

「離して。離して！ねぇ離してってば。急に何なの？」

「失恋した<u>らしいじゃん</u>。」

「…ママが幸せなら、私はそれでいい。」

「いつまで。いつまでママに片思いしてる。」

　　"邮箱"从"琴美"那得知真希的妈妈决定与男友结婚，并将真希留在
儿童福利院一事。通过观察真希的异常表现，"邮箱"得出真希失恋（「失
恋した」）的结论。如果"邮箱"直接对真希说你"失恋了"，自尊心强的
真希或许很难接受，虽然"邮箱"出于好意，但可能结果不利于两人的相处。
因此在失恋（「失恋した」）后附加「らしい」「じゃん」，可以将事实委婉
地传达给对方，不伤害对方的面子和自尊心，易于对方接受，也有利于维
护两人的关系。也就是说，说话人虽知道事实真相，但为了不伤害对方和
彼此间的关系，在语言表现上，不采用直接的表现方式，多采用含有模糊
限制语的表达。然而，在一些紧急情况下，没有必要使用含模糊限制语的
表达。比如例（34）。

（34）（场景：福利院的儿童大福被经营拉面店的夫妇收养，由于他对
　　　养父母喊不出爸爸妈妈，逃回了福利院。看到此情景，"琴美"
　　　和"班比"立即去喊在浴室中被罚提水的"邮箱"。下面是她们
　　　与"邮箱"的对话。）

「ポスト大変！」ピア美とボンビが風呂場にやってくる。

「どうした？」

「ダイフクがラーメン屋から逃げて来ちゃった。ポストも来なよ
　魔王のヤツもポストの罰のことなんて忘れてるよ。」

大福一声不响逃回福利院，大家都很吃惊。由于事发紧急，琴美在告知"邮箱"这一情况时，并未使用具有缓和话语态度和回避责任等功能的模糊限制语。也就是说，在紧急情况下，说话人无必要，且也没有太多时间缓和语气等，反而「ポスト大変！」「ダイフクがラーメン屋から逃げて来ちゃった。」等直接性表达更易于传递信息，缩短了听话人理解话语所需花费的劳力，便于听话人迅速采取措施。

2.3.1.3.2 成人与儿童的会话

（35）父：<u>ちょっと</u>その、そんなとこに×××がある、×××年の。

　　母：何がある？

　　父：昨日はどうしてたの？

アリちゃん：パタッ。

　　父：昨日はどうしてたの？

　　母：<u>家でも遊んだり</u>。

　　父：<u>ちょっと</u>内村さんの、大丈夫<u>かな</u>？

　　母：こっち側は映してるからいい<u>と思ったんだけど</u>。

　　父：じゃいいん<u>だろうか</u>。これ、1つは、これ、昨日はどうしたの？これは薄めにやったの？

　　母：うん。

　　父：昨日のヤツは。

　　母：うん。

　　父：アリちゃんの場合はどうな<u>んだろう</u>？動き回るから、両方とも
　　めいっぱい映した<u>方</u>がいいの<u>かな</u>？

アリちゃん：か。

　　母：<u>ちょっと</u>こっちはあった<u>方</u>が良い。

　　父：どっちが？

母：こっちは。

父：そっち当てにしちゃったらダメでしょう。いつもこっちをアテ
　　にしてんだよ。

母：あ、そう。

父：どうやったら映るのか？

母：昨日こっちアップにして、ほとんどなくなった。

父：今日は？

母：まぁ結果論だけど。

父：今日はどっち？

母：今日はじゃあ、音声を取って。

父：どうなんでしょう？俺もよくわかんない。

母：うん。

　　在例（35）中，「アリちゃん」的父母使用了「ちょっと」、「でも」、「た
り」、「かな」、「と思う」、「けど」、「だろう」、「方」、「でしょう」、「まぁ」、「よ
くわかんない」等11种模糊限制语，使用次数为18次。与大人相比，儿童
话语中的模糊限制语使用频率较低，使用种类也较少，比如例（36）~（37）
仅出现了「ね」、「でしょ」、「じゃん」等3种模糊限制语。

（36）当时4才的长男とバスに乗った時の出来事。

　　録音テープの女性アナウンス：つぎは〇〇前、お買い物に便利な〇
　　　〇店はこちらでお降りください。

　　長男：女の人は何でも知ってるね。

　　　私：女の人って誰？

　　長男：バスの天井にいる人だよ！聞こえるでしょ。

（37）アリちゃん：ねー、どうなったの。これなんだっちゃだめじゃん。

　　　フーちゃん：とっためー。

アリちゃん：ううううぅーん！だめフーちゃーん。だめー、フーちゃ
ん xx さー。

（38）母：ニャンニャンとオオカミのご本？

アリちゃん：うん。

　母：ここにな、なかった<u>かな</u>。

アリちゃん：もしたの。

　母：ここにオオカミいない<u>かな</u>？

アリちゃん：いない<u>かなあ</u>？いるから、みてすみよ。

　母：見てみよう。

（39）母：パンダちゃん？

アリちゃん：うん、ぱんだちゃん。ぱーなさん。いやうよ。ちゃう。

　母：パンダいない<u>かな</u>？この中に。

アリちゃん：うん、いない<u>かな</u>。そうね。うーん、どこ<u>だろ</u>。

　母：これ見るか。

アリちゃん：うん。

在例（38）中，听了妈妈（「母」）「ここにオオカミいない<u>かな</u>？」这
一发话后，「アリちゃん」接下来重复了妈妈的发话「いない<u>かなあ</u>？」。例
（39）也是如此（「母：パンダいない<u>かな</u>？」、「アリちゃん：うん、いない
<u>かな</u>」）。由此可见，儿童话语中模糊限制语的出现情况与大人有一定的关联。
由于儿童认知能力的发展水平有限，造成理解能力及语言表达能力也相应
受到制约。在大人所使用语言的影响下，儿童耳濡目染，潜移默化，如此
天长日久，便会逐步习得一些模糊限制语。

（40）（场景：9岁的真希与妈妈在儿童福利院。妈妈首先发话赞美福利院。）

　　「へぇ～。ステキな所ねぇ。」

　　「え～、どこが？」

「アットホームな<u>感じ</u>がする<u>っていうか</u>。」

「アットホーム？でもね施設の人がすっごく怖いんだよ。」

「真希が元気そうでよかった〜。いろいろごめん<u>ね</u>。」

「ホントだよ！すっごく心配したんだから。<u>ちょっと</u>待って<u>ね</u>。今荷物持って来るから。」

「荷物はいいわ。」

「えっ？」

真希的妈妈来到福利院看望她，妈妈通过使用「感じ」「っていうか」「ね」等模糊限制语，委婉地表达了自己对福利院的感受和对女儿真希的歉意。9岁的真希通过把表示程度的「ちょっと」放在「待って」之前，将自己的愿望表露出来，并通过运用「ね」，以征求妈妈意见的形式表达出自己想让妈妈等待的心情。通过「感じ」、「っていうか」、「ね」、「ちょっと」等模糊限制语的使用，可以看出母女双方关系的融洽。

（41）（场景：在儿童福利院门前，"邮箱"同打算收养她的细贝夫妇一起下了车，并行礼道谢。细贝夫妇拿出为"邮箱"准备的礼物。）

「あぁ、<u>ちょっと</u>待って<u>ね</u>。」と夫。

「は〜い。これ、お土産よ。」と妻。

「お土産？」

「大したものじゃない<u>けど</u>ケーキ。さっきのレストランでショーケースを熱心に見てた<u>でしょ</u>？」

「そんな！もらえません！私そんなつもりじゃ…。」

「いいのよ！欲しいものがあったら言ってって言ってる<u>でしょ</u>？これは、私達の気持ち。」

「…ありがとうございます！大切に食べます。」

「それじゃあまたね。楽しかったよ。」

「はい！」

　　例（41）中，体验家庭的西贝夫人通过使用「ちょっと」、「ね」、「でしょ」等模糊限制语，委婉地表达了自己的想法和主张，也易于"邮箱"接受。"邮箱"与细贝夫妇彼此还不是很了解，觉得接人礼物不妥，在表达自己想法时采用了直接的表现方式（「そんな！もらえません！私そんなつもりじゃ…。」等），未采用具有缓和话语态度等功能的模糊限制语。由此可见，在需要直接表述自己想法场景下，儿童语言中并未出现模糊限制语。

（42）（场景：拐杖声响，儿童福利院"小水鸭之家"的负责人、有
　　　　"魔王"之称的佐佐木友则来到正要吃早饭的孩子们面前。"魔
　　　　王"（48岁，男）要求孩子们哭，不然不许吃饭。）
　　「ハァ～。」大きなあくびのあと
　　「…よし！泣け。」
　　「…」
　　「どうした？芸の一つもできないのか？そんなことじゃ、もらい手はつかんぞ。いいか？ここにいるお前達は、ペットショップの犬と同じだ！ペットの幸せは飼い主で決まる。飼い主はペットをどうやって決める？かわいげで決める。時に心を癒やすようにかわいらしく笑い、時に庇護欲をそそるように泣く。初対面の大人をにらみ付けるようなペットなんざ、誰ももらっちゃくれない！犬だって、お手ぐらいの芸はできる。分かったら泣け。」
　　「…」
　　「泣いたヤツから食っていい。やれ！」
　　子供たちが鳴き真似をする。
　　「汚く泣くヤツがあるか！かわいげを見せろと言ったんだ。」
　　オツボネが声を上げて泣いてみせる。

「演歌か！おい、お前やってみろ。」

「…」戸惑う真希。

「聞こえないのか？」

「私、犬じゃありません。」

「フッ。じゃ、猫か。」

ポストが猫の鳴き真似をする。

「おい。見本見せてやれ。」

「いくらで？」とポスト。

「チッ。」

佐々木が杖を突く。

するとポストは涙をポロポロこぼし悲しそうに泣き始める。

「…よし！食え。」

「いただきます。」

「チッ。」

　　"魔王"是"小水鸭之家"的负责人，对于孩子们来说，既是长辈也是上级。为了让因不同原因与父母分离的孩子们明白现实的残酷性，将孩子们比喻为宠物店的宠物，要求他们必须为找到买主而讨他们欢心。当看到有孩子哭得不好时，让"邮箱"示范"哭"给大家看。这部分给人以很大的冲击力，魔王使用了很多动词命令形（「泣け」「やれ」「やってみろ」「見せてやれ」「食え」等），而具有缓和话语态度等功能的模糊限制语（「ね」「じゃない」「けど」等）并未出现，充分体现了魔王在福利院的身份和地位、话语的权威性以及孩子们对他的顺从。所以在成人与儿童的对话中，如果成人占据绝对权威性地位时，成人在话语中没有必要使用模糊限制语；大多情况下，儿童只是很顺从地回应，话语中也很少出现模糊限制语。

　　（43）（场景：在幼儿园里，因家暴被儿童福利院收养的"弹珠"（「パチ」）与幼儿园同学坐着吃饼，同学的饼掉在了地上，弹珠抢起来不让她吃，

结果同学跌倒哭了，同学的妈妈却赶过来责骂"弹珠"抢东西吃。这时，琴美和"邮箱"赶到。）

　　　「あの！パチがどうかしたんですか？」とピア美。
　　　「おたくのホームの子がね、うちの月姫に暴力をふるったのよ！」
　　　「暴力？」
　　　「うちの子のおやつを奪い取ろうとしたの。家でちゃんと食べさせてもらってないからこういうことするのよね。ホント、これだから親のいない子は。」
　　　「ちょっとおばさん！」
　　　「な…何よ。」
　　　文句を言おうとするピア美をポストが止め、
　　　「ご迷惑をお掛けしました！」
　　　と深く頭を下げる。

　　在例（43）中，琴美和幼儿园家长在言语上起了冲突。在弄清事情的来龙去脉时，双方均未使用模糊限制语。

　　2.3.1.3.3 成人间的会话

　　如例（23）、例（24）、例（35）所示，在需要缓和话语态度和语气、回避责任时，成人多会采用含有模糊限制语的表达方式。一旦不需要如此，也就没有必要使用模糊限制语［如例（44）］。例（44）是被"邮箱"、琴美等称为"冰蛙蛙"的"叶"与魔王佐佐木在停车场展开的交谈。

　　（44）「新しい里親候補は以上です。何かご質問は？」と叶。
　　　　　「…」書類を受け取る佐々木。
　　　　　「おっしゃりたいことがあれば、どうぞ。」
　　　　　「直接こんなプロフィルを渡すやりとりなんて、規則違反だよな。」

「ご心配なく。」

「あんたがクビになると、俺が困る。貴重な情報源が断たれるからな。」

「あなたのためにやっているわけではありません。私は、親が子供を選ぶ現在の制度に疑問を抱いてるだけです。子供にも、親を選ぶ権利があるはずです。」

「つまり？」

「あの子達には、自分だけの帰る場所が必要なんです。」

「…場所ね。必要なのは人じゃなく、場所か。」

「人に執着するのは…悲劇しか生みませんから。」

「フンっ。何だ？男で痛い目でも見たか？」

「…」

「図星か。」

「私は痛みなんて感じない。」

「…」

2.3.2　小结

表2-7　模糊限制语在不同会话场景下的使用情况

会话类型	会话场景	使用情况（使用与否、使用量等）
儿童间会话	a.对情况有所了解，直说无妨时	发话时多用断定的形式，不使用或较少使用模糊限制语
	b.虽知道事实真相，但为了不伤害对方和彼此间的关系时	多采用含有模糊限制语的表达
	c.对情况不太了解，通过他人打听到信息时	多采用含有模糊限制语的表达
	d. 紧急情况	没有必要使用含模糊限制语的表达

会话类型	会话场景	使用情况（使用与否、使用量等）
成人与儿童间会话 （儿童部分）	a. 需要维护双方融洽的关系时	多采用含有模糊限制语的表达
	b. 需要明确拒绝时	多采用直接的表达
	c. 成年人在谈话中占据绝对权威性地位时	很少使用模糊限制语
	d. 需要直接弄清状况时	不使用模糊限制语
成人间会话	a.需要缓和话语态度	多采用含有模糊限制语的表达
	b.需要回避责任	多采用含有模糊限制语的表达
	c.除去以上两种情况	不使用或较少使用模糊限制语

　　本研究对儿童会话交际中模糊限制语的使用情况、与大人模糊限制语的使用区别、以及造成该状况的原因等进行了分析考察。经考察发现如下情况。

①儿童话语中虽含有一定量的模糊限制语，但与大人相比，使用频率较低，使用次数较少。同时，年纪较小的儿童，尤其是刚学会说话不久的儿童，即使话语中出现模糊限制语，也是无意识的。等到了一定年纪（约9岁），便会开始有意识地使用模糊限制语。模糊限制语在不同会话场景下的使用情况如表2-7；

②儿童认知能力水平较低，在一定程度上限制了儿童话语中模糊限制语的出现频率；

③儿童模糊限制语的习得受到大人的耳濡目染。

2.4　本章小结

　　本章主要就会话交际中的"使用前提"与日语模糊限制语的缓和话语态度和回避责任两大交际功能之间的关系、汉语模糊限制语在谈话中的使用情况及交际功能、儿童会话中日语模糊限制语的使用情况等进行了分析和考察。儿童会话中汉语模糊限制语的使用情况等将作为今后的课题加以研究。

第3章
从日汉对比看模糊限制语的
分类及特征差异

　　模糊限制语（hedge）一词源于欧美。在欧美，具有代表性的研究有 G.Lakoff（1972、1987）、Fraser（1975）、Brown ＆ Levinson（1978、1987）、Prince（1982）、J. Channel（1994）、G.Yule（1996）、Jef.Verschueren（1999、2000）、Jaszczoh（2004）等。国内主要有何自然（1985）、孙建荣（1986）、陈林华 / 李福印（1994）、陈治安 / 冉永平（1995）、李福印（1995）、苏远连（2002）、董娜（2003）、冉永平（2006）、黎千驹（2007）、刘鸽（2008）、张红深（2010）、张勇（2010）、李小鹏 / 司蓓蓓（2012）、徐章宏（2012）、徐章宏 / 何自然（2012）等。日本主要有 Reiko Itani（1996）、严廷美（1997）、辻幸夫（2002）、熊坂亮（2003）、入戸野みはる（2003、2004、2007、2008）、吉村公宏（2004）、李恩美（2008）和山川史（2008（1，2）、2010）等。这些研究或直接引用 G.Lakoff（1972）的定义，或自创定义，从语义学、社会语言学、语用学、谈话分析或认知语言学的角度对英汉日的模糊限制语分类、功能及围绕模糊限制语与 G.Leech（1983）的"礼貌原则❶"、H.P.Grice 的合作原则❷ 和 Levinson（1978,1987）的"面子理论"之

---

　　❶　1983 年，英国语言学家利奇提出了制约人际交往的"礼貌原则"，包括"得体准则、慷慨准则、赞扬准则、谦虚准则、同情准则、一致准则"六条原则。

　　❷　由美国语言哲学家格莱斯（Grice）提出，是语用学的一个重要原则，具体体现为"数量准则、质量准则、关系准则和方式准则"四条准则。人们在语言交际中，为了达到某种目的，保证会话的顺利进行，谈话双方应该遵守合作原则。

间的关系等进行了论述和考察。

截至目前，虽然欧美和亚洲研究者均就模糊限制语进行了研究，但模糊限制语的定义尚未统一。研究者的立场不同，对模糊限制语的定义也不尽相同。比如，G.Lakoff（1972）从语义学角度将"hedge"定义为"把事物弄得模模糊糊的词语（即 words whose job is to make things fuzzier or less fuzzy）"。Brown & Levinson（1987）将"在某种条件下可以部分地改变话题真值程度的分词、词或词组"看作模糊限制语。J.Channel（1994）认为模糊限制语是反映说话人或作者对自己所作陈述的真值承诺程度的一种词或表达方式。G.Yule（1996）将话语怎样被予以理解的谨慎的注释性的表达看作模糊限制语。Jef.Verschueren（2000）认为"模糊限制词直接限定命题内容，无须绕道评价命题的态度、认知或证据的状态，然而同样显示元语用意识"。Jaszczoh（2004）主张模糊限制语指"那些通过放宽真值条件或可接受性条件来修饰诸如名词短语、动词短语或句子等其他范畴的单词、短语或小品词"。

模糊语言学在中国起步于 20 世纪 70 年代末。学术界一般认为，北京师范大学的伍铁平教授发表于《外国语》1979 年第 4 期的论文《模糊语言初探》是国内最早运用模糊理论对语言模糊性进行研究的论文，标志着模糊语言学在中国的诞生［董娜（2003），夏玉琼、韦汉（2005）］。作为模糊语言家族中的一员，模糊限制语也引起了中国一些研究者的关注。"hedge"一词传入国内后，被译为"模糊限制语""闪避语"和"缓冲表达方式"[1]，前者被广泛使用。比如，桂诗春／王初明（2004）、何自然（1985）采用了这种译法。本研究也采用前一种译法。20 世纪 70 年代末开始，不少研究者就商务英语、广告及其他应用领域中模糊限制语的功能等展开研究。关于模糊限制语的定义，一些研究者［如何自然／陈新仁等（2004）］直接引用 G.Lakoff 的定义并将其译成中文。费建华（2004）认为模糊限制语是使准确概念模糊化、模糊概念趋于明朗的词语，它是语言中最普遍、最典

---

❶ 详见毋育新（2014）p.63、p.67。

型的模糊现象。徐章宏／何自然（2012）指出，"Zadeh 和 Lakoff 突出模糊限制语限制概念模糊度的功能，注重语义上的逼近性，Brown & Levinson、Channel 以及 Jaszczolt 等人则更关注说话人对真实性程度的改变，但无论是关注语义变化，还是关注语用变化［何自然（1985）］，都体现说话人对命题内容或命题态度所做的限制，以便更真实、准确、得体地描述和反映客观世界。他们之间只是关注点不同、表达方式相异而已"。同时在此基础上，提出了自己的定义，即"模糊限制语指那些限制词汇／概念的模糊程度（语义逼近）、影响或修正命题内容真实程度或表现不同命题态度（语用适切性）的词、短语或表达式"。

其中，需要注意的是，苏远连（2002）、李小鹏／司蓓蓓（2012）、张勇（2010）等将英汉双语，或英汉日三种语言结合起来，从双语对照或多语种对照的角度对模糊限制语的使用情况和功能等进行了论述和考察。在日本，严廷美（1997）以请求这一言语行为为场景，对日韩大学生的模糊限制语使用等进行了考察，入戸野みはる（2008）从话语分析角度，以朋友间谈话中出现的「かな」、「かも」等为例，对模糊限制语的功能等进行了论述。

综上所述，模糊限制语一词自诞生以来，便引起了研究者的关注，并展开了广泛的研究。但国内外研究者大都就英语单一语言的模糊限制语进行分析和研究，很少有人从对比语言学角度进行深入探讨，尤其是关于汉语和日语模糊限制语的研究更为少见［张勇（2010）］。同时，"多语种的对比研究目前也是比较薄弱的环节，单纯地就语言而研究语言意义不大，价值有限"［张红深（2010）］。虽然张勇（2010）从共性视角等对英汉日模糊限制语的分类和功能进行了考察，但从整体看，张的研究从宏观着手，对日语及汉日对比的研究尚不深入，同时英汉模糊限制语的分类和功能是否完全适用于日语，尚待进一步考察和验证。本研究拟在一系列前人研究的基础上，分别从表现形式、在话语中的位置及语用视角等三个方面探讨日汉模糊限制语的分类和特征，并探讨不同特点的原因形成。

3.1 前人研究对模糊限制语的分类

3.1.1 欧美和国内的研究

从欧美和国内的研究看，一般从语义、语法、语用等三个方面对模糊限制语进行分类。

首先，从语义角度划分。陈林华／李福印（1994）及 Jaszczoh（2004）指出，从语义特征着手，可将模糊限制语分为程度类、范围类、数量类以及方式类限制语。Yule（1996）认为在言语交际过程中，听话人对说话人通常有四种期待，因此说话人会使用四种模糊限制语，即真实性限制语、信息量限制语、关系限制语、方式限制语［徐章宏（2012）］。

其次，从语法角度划分。L.A.Zadeh 把模糊限制语分为四类［张勇（2010）］，即①某些形容词、副词。比如英语的"sort of、maybe、often、quite、very、almost、usually、somewhere"等，汉语的"十分、很、很不、不很、稍稍、相当、有点、挺、更、蛮"等；②诸如"–ish""–like""–ly"等在后缀加上某些词构成的模糊限制语，比如 greenish、sweetish、manly、friendly 等，汉语也可在某些词后加上"般、乎乎、溜溜、巴巴、兮兮、点儿"等，比如"傻乎乎、有点儿"等；③由连词引导的方式状语或程度状语，表示说话者对某事犹豫不决或不明确的词语，比如 as if、as though、so...that、so...as to... 等，汉语的"好像、似乎、也许、大概等"；④说话者表达自己观点时，为了表达更委婉、更礼貌的某些结构，比如 I think、I guess、I wonder、I believe、It seems to me 等，汉语的"我认为、我想、依我看、我恐怕、我担心、估计、根据"等。

最后，从语用角度划分。目前，国内外对模糊限制语的分类研究很多，影响最大的是 E.F. Price 及其同事 J.Fradar 和 C.Bosk 从语用的角度对模糊

限制语进行的分类。E.F.Price 等人根据是否能够改变话语真值条件，或者是否能够改变话语结构的原意这一标准，将模糊限制语划分为变动型模糊限制语（Appwoximators）和缓和型模糊限制语（Shields）两大类。变动型模糊限制语或者改变话语的原意，或者对原来话语意义做某种程度的修正，或者给原话语定出一个变动范围，它又可以分为程度变动型（Adaptors）和范围变动型（Rounders）。缓和型模糊限制语作用于命题内容和说话人之间的关系，用以表明说话人对命题所持的态度，可进一步分为直接缓和语（Plausibility Shields）和间接缓和语（Attribution Shields）。何自然（1985）也曾做过类似分类，即将模糊限制语分为变动型模糊限制语与缓和型模糊限制语。此外，值得一提的是，近年来一些国内研究 [邓高（2010）、张勇（2010）] 开始关注日语模糊限制语。

3.1.2 日本的研究

3.1.2.1 前人研究对日语模糊限制语的分类

在日本，有关日语模糊限制语分类的研究（福田一雄（1998）、入户野みはる（2003）、山川史（2008）等）尚不多见。福田一雄（1998）依据格莱斯提出的合作原则的 4 条准则将「言語ヘッジ」划分为 4 类，具体如下。

① 表示量的模糊限制语（「量のヘッジ」）：私の知る限り、わかる範囲でいえば、等；

② 表示质的模糊限制语（「質のヘッジ」）：たぶん、少し、～と思います、証拠はないのですが、じゃないかなあ、と言われている、等；

③ 表示关系的模糊限制语（「関係のヘッジ」）：ところで、唐突ですが、等；

④ 表示方式的模糊限制语（「様態のヘッジ」）：くどいようですが、あいまいな言い方ですが、等。

入戸野みはる（2003）按词性作了如下分类。

动词（Verbs）：（と）思う、（って）聞く、（って）聞いた

助动词（Aux Verbs）：だろう、でしょう、〜みたいな、かもしれない、〜ような、らしい、〜みたいだ

副词（Adverbs）：けっこう、一応、かなり、とりあえず、わりと、まあ、ちょっと

助词（Particles）：とか、ね、かしら、さ、の、な（あ）

名词/代词（Nonus/Pronouns）：（ような/みたいな）感じ、感覚、あれ、（その）辺（へん）、〜辺り

感叹词/间投词（Interjections）：そのー、なんか

词组、短语（Phrases）：（よく）わからない、ふうに、というふうな、〜たり〜たりする、かないか、かどうか、（よく）知らない、なんとかかんとか

接尾词/接头词（Suffixes/Preffixes）：系（けい）

直接引用（Direct Quotation）

附加疑问（Tag Questions）：だろ（う）？

停顿（Pauses）

接续词（Conjunction）：けど

省略装置（Omission Devices）（unfinished sentences）：て

音韵手段（Phonological Device）：上升语调（Rising intonation）

山川史（2010）在入戸野みはる（2003）的基础上，将模糊限制语的表现形式划分为"词汇"（「語彙」）和"非词汇"（「非語彙」）两种。其中，词汇包括副词、助词、动词、形容词等，非词汇包括笑、停顿、语调等。

3.1.2.2　日语模糊限制语的表现形式

　　不少研究（Reiko Itani（1996）、福田一雄（1998）、辻幸夫（2002）、入戸野みはる（2003、2004、2008）、吉村公宏（2004）、李恩美（2008）等）对日语模糊限制语的表现形式有所论述。Reiko Itani（1996）指出，模糊限制语不单单是一种语言现象，还包括手势、声音（高低、声调等）、表情等一些非语言因素，并将模糊限制语分为两种，即语言表现形式（Linguistic-expressions）和非语言表现形式（Non-linguistic expressions）。辻幸夫（2002）和吉村公宏（2004）将「ちょっと」、「じゃないか」、「ね」，「大まかに言えば」、「厳密に言えば」等作为模糊限制语言看待。入戸野みはる（2004）将模糊限制语的表现形式从词汇层面扩大到词汇以外的手段（例（1）~（2），画线部分为模糊限制语），比如笑、停顿、省略、文体的变更（包括由"だ体"变为"です・ます体"）。

　　（1）A：昨日見た映画、どうだった？

　　　　B：おもしろくなかった<u>と思う</u>。／あんまりおもしろくなかった<u>かも</u>。

　　（2）よう子（Y）がお守りを大事そうに持っているシゲを見て、コメントする場面。

　　　　1Y　うーん。ああ、けっこうそういう縁起を担ぐ人な<u>のね</u>、あなたは？

　　　　2S　いや、いや、そういうことはない<u>けど…</u>

　　　　3Y　いや、いや、そうでも、<u>へへへへへへ</u>（笑い）

　　　　4S　悪いことは気になる<u>じゃん</u>。<u>やっぱ</u>。

　　　　5Y　<u>まあ</u>、<u>ねえ</u>。

　　目前上述国内不少研究均提及了汉语模糊限制语的表现形式，但一般来讲，这些研究所涉及的基本上都是语言表现形式，非语言表现形式并不

多见。由于语言具有相通性，据调查，汉语中也存在一些非语言表现形式
的模糊限制语，比如笑、停顿、省略等［例（3）～（5）］。

（3）（QQ 聊天）

　青青河边草：吃过饭了没有😳

　25 点睡觉：嗯 吃了 你今天工作还忙吗　　　　（余光武·秦云，2011）

（4）撒贝宁：你最想去做的、你还从来没有做过的，但是在你内心深处

　　　　　可能是极其疯狂的<u>一件事</u>，会是什么？

　李宇春：呃<u>（停顿数秒）</u>，可能只是步行于闹市。

　　　　　　　　　（《首席夜话》（李宇春：和撒贝宁谈"第一次"）

（5）给弟弟买的，他在用呢，看照片效果还不错，送货的时候我不在家，

　　　所以没有仔细检查<u>……</u>　　　　　　　（摘自亚马孙 在线评论）

3.2　对日汉模糊限制语分类的考察

本节以前人研究中出现的模糊限制语为实例，从表现形式、在话语中
所处的位置及语用视角等三个方面分别对日汉模糊限制语进行分类。

3.2.1　按表现形式分类

首先是以入户野みはる（2003）的研究为基础对日语模糊限制语所做
的分类（表 3-1）。

表3-1　按表现形式分类（日语）

表现形式			实例
语言表现形式	词汇层面	感叹词	あのー、さ（さあ）、そのー、ま（まー）等
		名词	あれ、関係、感じ（感覚）、ほう、程、辺（へん）等
		动词	思う、（って）聞く、見える等
		副词	一応、いまいち、おそらく、かなり、けっこう、大体/大低、だいぶ、たしか、たぶん、ちょっと、とりあえず、なんとか、なんとかかんとか、なんとなく、ほとんど、もし、やっぱり、わりと等
		助词	か、くらい、って、て、でも、とか、なあ、など、なんか、なんて、の、ね（ねー）、かな、かね等
		接续词	けど等
		接尾辞	辺り、系（けい）、ごろ、〜っぽい、〜的等
语言表现形式	分句层面		大ざっぱに言って、大まかに言えば、厳密に言えば（厳密に言うと）、こんなこと言うのなんだけど、（よく）知らない、よくわかんないけど等
	词组层面		か言って、っていうか、というふうな、とか思って、なんちゅうの、何ていうの、ふうに、よかったら、ような等
	句型层面		かどうか、かないか、かもしれない（かも）、じゃない？じゃん、そうだ、たりして、〜たり〜たりする、だろ（う）、でしょう、みたい（みたいな）、らしい等
非语言表现形式			ヘヘヘヘヘヘ（笑い）、ポーズ、イントネーション（上昇）、（「だ体」から「です・ます体」への）スタイルシフト、省略等

接着按表现形式将汉语模糊限制语分成两大类（表3-2）。

表3-2 按表现形式分类❶（汉语）

表现形式			实例
语言表现形式	词汇层面	叹词	啊、嗯、哦、噢、喔、呵、嘿等
		名词	一部分、部分、少数、大概、左右、大多数、上下、开外、不时、全部、以上等
		动词	可能、会、应、应该、应当、可以、敢、肯、估计、据说、认为、相信、能、能够、可、愿意、要、需要、不得、平均、近、好像、接近、相当、恐怕、超过、看来等
		形容词	一定的、典型的、更多的、更大的、极大（的）、十足的、稍微的、有志气的、任何形式的、稳稳、高兴、仔细、大批、彻底、一般、有些、无数、近、（不）少、众多、区区、高度、平均、少许、大概、差不多、差一点（儿）等
		数词	余、许多、大半等
		代词	有些、若干等
		数量词	一些、一点、一点点等
		副词	必须、很（低、多）、较（低）、有些、稍（慢）、大半、最起码、好像、十分、很（很不、不很）、最（多、少）、极、（不）太、偏偏、大概、也许、格外、稍微、有时、总是、大约、略微、尤其、稍稍、相当、有点（儿）、挺、更、蛮、比较（弱的）、差点、大体（上）、将近、约、恐怕、特别、几乎、简直、差不多、似乎、偶尔、不时、经常、或许、只是、一再、常常、永远、终于、渐渐、只、仅仅、都、总共、统统、略、差一点（儿）、通常、至少、（不）常、粗略地、部分地、相对地、从未等
		助词	的、地、得、吧、等、许（如：七时许）、来（如：十来人）等
		数词	两、几、数、万千、亿万、多（如：五斤多）等
		量词	次、把（如：个把月）、成、些（如：有些不对）、点（如：有点怪）等

---

❶ 依据《现代汉语词典》（第6版），将词分为12大类：名词、动词、形容词、数词、量词、代词、副词、介词、连词、助词、叹词、拟声词。

表现形式			实例
词汇层面	数量词		几个、几次等
	连词		总之等
	介词		根据等
	四字成语		三言两语、七上八下、五颜六色、七嘴八舌、长话短说、三三两两（地）、地地道道（的）、千千万万、干干净净、整整齐齐、或多或少、众所周知等
语言表现形式	分句层面		如果大家不介意的话、不知道这是否说得通、建议您查看是否发错号码、你要不忙的话、我只能告诉你这些、要是我没记错的话、可以部分地回答这个问题、也可能是这样、有这样的可能性、这也许没有什么联系/ 不合适、但～、顺便说一下、顺便提一下、不管怎么说、你知道我说的是什么（我指的是什么 / 我的意思 / 我的意思是～）、明确地告诉你、姑且可以说是等
	从句层面		我认为／猜想／以为／怀疑／假定、我估计、我担心、我想、我恐怕、我觉得、我们认为、我们觉得、我们想、/我们猜测、有人认为、就我所知（而言）、我相信（日语属于模糊限制语？）、某某说、可能的情况是、据我所了解、据我所知（而言）、据专家所说、……说、妈妈说、医生说、书上说、律师说、孔子曰、天气预报说、有人说、你大概知道、就我个人而言、据某某讲、我听别人说、我想可能、就我所了解、人常说、有记载说、有人说、别人觉得、如果不能更换的话、我想应该是、可能的情况是、可以说是、假设、不知道、我不知道、你知道、我在想、您能否、您能不能、现在、更清楚地说、我想～；你看、某某说、据估计、据～报道、按照～规定、根据（调查／模拟）结果、公司～规定、按照～的说法、据了解、据悉、据～介绍、据统计、记者了解到、网上调查显示等

表现形式		实例
语言表现形式	词组层面	在通常情况下、从许多方面来看、从广义上说、从狭义上说、严格地说、泛泛地说、从技术上说、从一定角度上说、一般来说、根据我们研究小组的观察、在某种意义上、从某种意义上讲（说）、总的来说（总的说）、准确地说、比原来、在我看来、看样子、无论何时、有时候可能、据报道、介于~和~之间、介于~之间、（4万元）以上（20万元）以下、大约在x至y之间、一周内、依他之见、基本上、实际上、试试看、再说吧、等一等吧、不好说、依我看、n+m+名（n和m为两个相邻的数字）（如七八百块）、从某种程度上来说、在一定程度上、一般情况下、有个人、事实上、在某些方面、简括地说、一句话、在某种程度上、不拐弯抹角、很清楚地说、更简单地说、仅举出一些、简洁地说、（也许）还可以、不知道行不行、还好、本质上、从技术上说、基本上很好、很不够、某个时候、诸如此类、及其他、什么的、以及任何形式、从~到~、研究研究、讨论讨论、商量商量、有几分、很可能、多一些、少一些、接近于、相当于、带（V）点等
	其他	噢、天哪、上帝、对不起/哎/噢、我刚想起来等
非语言表现形式		笑、停顿、面部表情、省略等

3.2.2　按出现位置分类

下面是以在话语中的位置为基准，对日汉模糊限制语所做的分类（表3-3、表3-4）。

表3-3　按出现位置分类（日语）

出现位置	实例
可出现在话语开头部分的模糊限制语	あの（一）、あれ、一応、うまくいえませんが、大ざっぱに言って、おそらく、大まかに言えば、かなり、簡単に言うと、けっこう、けど、厳密に言えば（厳密に言うと）、ごもっともですが、こんなこと言うのなんだけど、さ（さあ）、（よく）知らない、正確には言えないが、正確に言えば、その一、大体/大低、だいぶ、たしか、たぶん、ちょっと、っていうか、～っぽい、～的、とりあえず、なんか、なんちゅうの、なんて、何ていうの、なんとか、なんとかかんとか、なんとなく、（～）の知っている限り、（～の）話によると（（～の）話では）、はっきりとはわからないけど、ほとんど、ほら、ま（まー）、もし、よかったら、よくわかんないけど、やっぱり、わりと等

出现位置	实例
可出现在话语中途的模糊限制语	辺り、あの（一）、あれ、一応、うまくいえませんが、思う、大ざっぱに言って、おそらく、大まかに言えば、か、かどうか、かないか、かな、かなり、かね、かもしれない（かも）、関係、感じ（感覚）、気がする、（って）聞く、（って）聞いた、系（けい）、けど、簡単に言うと、くらい、けっこう、厳密に言えば（厳密に言うと）、ごもっともですが、ごろ、こんなこと言うのなんだけど、さ（さあ）、（よく）知らない、じゃない？、じゃないか、じゃん、正確には言えないが、正確に言えば、そうだ、その一、大体/大低、だいぶ、たしか、たぶん、たりして、〜たり〜たりする、だろう、だろ（う）、ちょっと、っていうか、〜っぽい、〜的、って、て、で、でしょう、でも、と、〜という、というふうな、とか、とか思って、とりあえず、なあ、など、なんか、なんちゅうの、なんて、何ていうの、なんとか、なんとかかんとか、なんとなく、ね（ね一）、の、（〜）の知っている限り、（〜の）話では、（〜の）話によると、ふうに、辺（へん）、ほう、程、はっきりとはわからないけど、ほとんど、ほら、ま（ま一）、見える、みたい（みたいな）、もし、ような、よくわかんないけど、よかったら、やっぱり、らしい、わりと等
可出现在话语末尾的模糊限制语	思う、か、かどうか、かな、かね、かもしれない（かも）、けど、感じ（感覚）、気がする、（って）聞く、（って）聞いた、じゃない？、じゃないか、じゃん、そうだ、たりして、〜たり〜たりする、だろう、だろ（う）、って、て、で、でしょう、と、〜という、とか、とか思って、なあ、など、の、ね（ね一）、見える、みたい（みたいな）、らしい等

（6）F032：新幹線も名古屋止まると遅くなるなんていう。＜笑い＞

　F098：東海の本社<u>とか</u>あるのに、

　F032：そうそうそう。そう言われちゃって、怒っちゃって、止めるようにした<u>じゃない</u>？

　F032：あ、そうなの。

　F098：うん、そう、のぞみが最初止まんなかったんだもん。大阪から東京直行だっていうんで。＜笑い＞

　F032：うん、その<u>方</u>がいいじゃない。＜笑い＞

F098：今、全部止まるんじゃないの<u>かな</u>。

F032：あ、本当？

F098：うん、止まるようにしたのよ、そのとき、東海が、（あーそ）確か。

F032：あ、そんでのぞみってあんまり違わないのか。それ、のぞみのぞみってみんなが言うからさ、一度乗ろうかと<u>思って</u>さ、（うん）岡山行くっつった<u>かな</u>。

F098：うん、違うわよ、時間、かなり、岡山まで行ったら。

F032：あ、そう？

F098：うん、違う違う。

F032：わたしあんまり違わない<u>ような気がする</u>けど。

（7）F023：そう。で、反対側のバス停が見つからんし、待ってる間に歩ける<u>かもね</u>とかって言って、歩いて帰ろう。

M023：ある意味で男の旅<u>じゃん</u>。そういう<u>のって</u>。僕なんかやりますよ。そういうの。

F107：歩いちゃう<u>の</u>？

M023：歩いちゃう<u>っていうか</u>、どこへ行くか<u>わからんけど</u>、つられてバスに乗っちゃった<u>とか</u>さ。

F023：<u>だけど</u>、そう遠くなかった。歩いたら。

（8）F017：あ、何、あの、試験？

F102：はい、日本語教育の。

F017：じゃあ、行くんだ。

F102：はい。

F017：あー、うれしい。

F102：こないだ、ちゃんと受験票が、あ、願書が行ってればの話ですけど。

F017：あたしもです。

F102：<u>ちょっと</u>ドキドキするんです。

F017：あたしも<u>ちょっと</u>ドキドキです。

例（6）～（8）❶画线部分为模糊限制语。「けど」可用在话语开头、中间和结尾处，即「けど」在话语中的出现位置相对自由。「とか」、「じゃない（じゃん）」等可出现在话语中间和末尾，「方」、「かも」、「ね」、「って」、「なんか」、「っていうか」等一般用于话语中间，「かな」、「と思って」可用于话语末尾，「ちょっと」可用于话语开头和中间。下面按在话语中的出现位置对汉语模糊限制语进行分类（表3-4）。

表3-4　按出现位置分类（汉语）

出现位置	实例
可出现在话语开头部分的模糊限制语	最起码、好像、我觉得、一般来说、我猜想、我不知道这是否说得通、据～报道、按照～规定、根据我们研究小组的观察、总的来说、我相信、恐怕、我们认为、根据、根据调查结果、根据模拟结果、据我所了解、公司～规定、你大概知道、长话短说、我不知道这是否说得通、就我个人而言、准确地说、按照～的说法、据说、我想可能、大概、一般、我想应该是、如果大家不介意的话、约、我估计、听说、我想、如果不能更换的话、一般情况下、我不知道、试试看、不知道行不行（好不好）、还好、医生说、书上说、明确地告诉你、顺便提一下等
可出现在话语中途的模糊限制语	一点的、可能、比原来、好像、有时候可能、从一定角度上说、有点（儿）、典型的、很（低）、十分、比较、更多的、大批、非常、～以上～以下、约、一周内、很可能、更大的、典型的、特别、相当、（不）太、大概、三三两两地、左右、大半、差不多、建议您查看是否发错号码、较（低）、稍慢、胖乎乎、三言两语、七八百块、（七时）许、几次、有几分、大约、恐怕、也许、你要不忙的话、有个人、（也许）还可以、有志气的、你看、差点、基本上很好、很不够、一点点、某个时候、似乎、简直、地地道道的、从～到～、任何形式的等
可出现在话语末尾的模糊限制语	吧、等、什么的、啊、嗯、哦、噢、喔、呵、嘿、马大哈、中国、美食家（临时模糊先限制语）等

❶　例（6）～（8）是从名大会话语料库（「名大会話コーパス」）中抽取的例句。该语料库会话中出现了很多模糊限制语，本节在此引用其中一部分。

（9）一阵长时间的静寂后，接着传来一个柔柔的声音：

　　"<u>我猜想</u>，你的手指现在一定已经愈合了吧？"（CCL 语料库 ❶）

（10）管理人员问我："你体重多少？"

　　"<u>大概</u> 300 磅。"我说。

（11）甘迪对姚明大加赞赏："他的得分手段很多。有<u>大概</u>四五场比赛
　　　　他的状态一般，但最近几场他打得非常好。"

（12）方：那时你才几岁？<u>大概</u>。

（13）波特说："姑娘！<u>如果不介意的话</u>，我想问你，你有什么证据能
　　　　表明你的诚意呢？"

（14）小李，<u>你要不忙的话</u>，来帮我搬一下这张桌子。（孙建荣，1986）

（15）白：要是他们同学来嘛就。这会儿就叫哥<u>什么的</u>，在家里时我叫
　　　　他名字。

（16）罗：今天还没有，可能明天<u>吧</u>。可能要遵守一些规定吧，一定得
　　　　到什么时间才行。

　　例（9）～（16）画线部分为汉语模糊限制语。其中，"我猜想"等可
用于话语开头，"大概"等可用于话语开头、中间或末尾，"如果不介意的
话""你要不忙的话""吧"等可用于话语中间，"什么的"等可用于话语末尾。

3.2.3　从语用视角分类

　　Prince 等人（1982）提出从语用视角对模糊限制语进行分类，何自然
（1985）对汉语模糊限制语做过类似分类，在此不再赘述。下面按照 Prince
等人（1982）的方法尝试对日语模糊限制语进行分类。

　　1）变动型模糊限制语

　　A. 程度变动型模糊限制语

---

❶　即北京大学中国语言所研究中心语料库。例（10）～（13）、例（15）～（20）同。

かなり、けっこう、大体/大低、だいぶ、たぶん、ちょっと、わり
と等

B. 范围变动型模糊限制语

大まかに言えば、簡単に言うと、厳密に言えば（厳密に言うと）、正確
に言えば等

2）缓和型模糊限制语

A. 直接缓和型模糊限制语

（よく）知らない、（～）の知っている限り、思う、かもしれない（かも）、
感じ（感覚）、じゃない？、じゃないか、じゃん、だろう、みたい（み
たいな）等

B. 间接缓和型模糊限制语

（～）の知っている限り、（～の）話によると、（～の）話では）、思
う❶、感じ（感覚）、（って）聞く、（って）聞いた、とか思って、（～
の）話では、（～の）話によると、らしい等。

（17）记者：<u>据我所知</u>，对于境外投资者来说，接受中方企业的项目建
　　　　　设，来国内投资办厂，这是外商企业发展跨国经营的重大业务计
　　　　　划，需经企业董事会讨论决策，非某个人可独断。

（18）收信人是他所述那位先生的外甥，他还在信尾写了几句安慰我的
　　　　话：<u>据他所知</u>，所有的天才最后都要变成笨蛋。

　　例（17）中的"据我所知"一般被视为直接缓和型模糊限制语，直接
表达说话人（该记者）对境外投资者来国内投资办厂的看法。按照 Prince
等人（1982）及何自然（1985）对间接缓和型模糊限制语的定义（指引用
第三者的看法，从而间接地表达说话者的态度、看法或观点）。可以判断，

---

❶　用于第三人称时，一般为过去时态「思った」或持续时态「思っている」。

例（18）中的"据他所知"虽然在前人研究中鲜少涉及，但理应属于此类模糊限制语。同理，例（19）中的"可能"属于直接缓和型，例（20）中的"可能"属于间接缓和型。

（19）坦率地说，不用别人提醒我就动过心，有了钱，就可以自己主演，就可以在媒体上自吹自擂，就<u>可能</u>一举成名。

（20）他说<u>可能</u>中午他会回去一趟，如果要是12点半以前回不去，就不要给自己留饭了。

在日语中，也存在此类模糊限制语。例（21）中的「私の知っている限り」（据我所知）是说话人"我"对在此（「ここ」）发生的事情所做的直接猜测和估计，而例（22）～（23）中的「自分の知っている限り」和「彼の知っている限り」分别是说话人从"老师"和"他"的角度出发，依据"老师自己"和"他"的所知做某事或表达对某事的态度或认识等。因此，我们可将「私の知っている限り」看作直接缓和型模糊限制语，将「自分の知っている限り」和「彼の知っている限り」作为间接缓和型模糊限制语对待。例（24）～（25）中的「かもしれない」也是如此，前者属于直接缓和型，后者属于间接缓和型。

（21）<u>私の知っている限り</u>においても、ここも一時非常に衰えたことがあったようである。

（『日本橋附近』）

（22）先生は<u>自分の知っている限り</u>の知識を、快く私に与えてくれた上に、必要の書物を、二、三冊貸そうといった。

（『こころ』）

（23）<u>彼の知っている限り</u>に於いては、責任無能力なる者の行為に対

しても正当防衛が成立する。而して彼の知る限りに於いて要之
助は、ひどい夢遊病である。

（『夢の殺人』）

（24）それを見つけて、太郎は、おじいさんを呼んできました。

「ぼく、びっくりしちゃった。誰がしたんでしょう」

「なるほど、奇特なことだ。いまに、その人がやって来る<u>かもし</u>
<u>れない</u>……」

　神主をしているおじいさんは、手をたたいて、丁寧に拝んで、戻
って行きました。

（『金の目銀の目』）

（25）そう聞くと、かの女はもうおどろかなかった。なるはどそんな
遠方から来たのでは、エピナッソー先生のことを聞かなかった
<u>かもしれない</u>と言った。

（『家なき子』）

3.3　日汉模糊限制语在特征上的异同及其原因

3.3.1　特征上的异同

　　通过从表现形式、在话语中的出现位置及语用视角三个方面对日汉模糊
限制语的分类发现，日汉模糊限制语存在一些共同特征，也有一些不同之处。
本节以汉语为基准，对日汉模糊限制语的异同进行了分析归纳（表3-5）。

表3-5　日汉模糊限制语在特征上的异同 [1]

模糊限制语 异同	汉语	日语
共同点	（1）在某些汉语词后加上"般、乎乎、溜溜、巴巴、兮兮、点儿等"可构成汉语模糊限制语。比如，胖乎乎、圆溜溜等	（1）在某些日语词语后面加上"「系（けい）」、「的」、「ぽい」"等可构成日语模糊限制语。比如，さわやか系、黒っぽい等
共同点	（2）汉语中还存在"产生于某些特殊的语法结构而临时充当模糊限制语的词或词组"，即临时模糊限制语［例（26）］	（2）日语中也存在此类模糊限制语（例（27）[2]）
共同点	（3）汉语中有一些颇具中国文化特色的模糊限制语，如研究研究、试试看、再说吧等	（3）日语中也存在此类模糊限制语（例（28）[3]）
共同点	（4）汉语中还存在一些四字成语，可被视为模糊限制语（例（29）[4]）	（4）日语中也存在此类模糊限制语（例（30）[5]）
共同点	（5）有些模糊限制语兼具一种及以上词性，比如"比较"可作名词、形容词、副词。但有些词虽具有多种词性，但只在一种词性下，才可被称为模糊限制语（例（33）[6]）	（5）日语中也存在此类模糊限制语，比如，「ちょっと」可作副词和感叹词。只有在作为副词时，才可被称为模糊限制语（例（35）[7]）
共同点	（6）在汉语中，从语用视角进行分类时，"据我所知""可能"被划分为直接缓和型模糊限制语，而"据他（她）所知"，"他（她）说可能"中的"可能"等是否属于间接缓和型模糊限制语鲜少涉及	（6）在日语中，从语用视角进行分类时，一些表现形式可被划入直接缓和型或间接缓和型模糊限制语。比如，「（～）の知っている限り」、「かもしれない」等
不同点	（1）在汉语中，"很""非常""我相信"等属于模糊限制语	（1）在日语中，「とても」、「大変」、「非常に」、「～と私は信じている」等未被纳入模糊限制语范畴

---

[1]　表5"共同点"中的汉语部分（1）～（4）分别详见张勇（2010）、姚俊（2003）、崔秀珍（2008）、徐章宏·何自然（2012），日语部分为本节的分析和归纳。

[2]　属于"自作例"。

[3]　http://hapaeikaiwa.com/2013/06/17/.

[4]　出自 CCL 语料库。

[5]　出自方懋/高鹏飞（2004）。

[6]　例（31）～（33）出自《现代汉语词典第6版》。

[7]　例（34）～（35）出自『デジタル大辞泉』。

（26）张三比马大哈还<u>马大哈</u>（第二个"马大哈"是一个模糊限制词）。

（27）張三は阿呆よりも<u>阿呆</u>だ。

（28）今はダメだけど、<u>ちょっと</u>様子をみてから考えよう。

（29）<u>长话短说</u>，一个平常的耕耘者比建功立业的斗士可能要显得缺乏意志与热情。

（30）彼らは<u>三々五々</u>打ち語らいつつ行った。

（31）这两块料子<u>比较</u>起来，颜色是这块好，质地是那块好（动词，非模糊限制语）。

（32）这项政策贯彻以后，农民的生产积极性<u>比较</u>前一时期又有所提高（介词，非模糊限制语）。

（33）这篇文章写得<u>比较</u>好（副词，模糊限制语）。

（34）<u>ちょっと</u>、お客さん（感叹词，非模糊限制语）。

（35）今度の試験はいつもより<u>ちょっと</u>むずかしかった（副词，模糊限制语）。

3.3.2　原因分析

　　针对汉日模糊限制语的不同点，方懋、高鹏飞（2004）在论述中国人和日本人的语言思维（「言語発想」）和语言意识（「言語意識」）的不同时指出，中国人认为将自己的意思清楚直接地传达给对方是理所当然的，比如在发表自己的意见时，中国人虽然也会说"我来抛砖引玉""我还没有考虑好，说得不一定对"等，但采用"我认为～""我说说我的看法"等也不会让人觉得失礼；日本人则多不直接表达自己的意见或主张，日语中尽量避免确定、断言或断定，含糊不清表现❶较为发达。比如例（36）、例（37）。

---

　　❶　在这一点上，本研究与方懋、高鹏飞的立场略有不同。本研究认为「でも、ばかり、ようだ（らしい）」等属于模糊限制语范畴。说话人通过使用这些模糊限制语，并不是将自己的主张或看法等弄得含糊不清，而是为了使之明确表达出来，同时达到回避或减轻责任的目的；或者缓和话语态度，弱化语气，将自己的想法等委婉地传达给听话人。

（36）这两天<u>特别</u>冷。

（37）この二三日ことに寒い<u>よう</u>ですね。　　　（方懋、高鹏飞，2004）

在此借用方懋、高鹏飞（2004）的例子加以解释。在例（36）中，中国人直接、清楚地表达了这两天的天气情况，而日本人在「この二三日ことに寒い」之后附加了「ようです」和「ね」这两个模糊限制语，缓和了话语态度，弱化了语气，将自己所想表达的意思等委婉地传达给了听话人。同时，在汉语中不使用模糊限制的地方，用日语表达时会使用模糊限制语。比如例（38）、例（39）。

（38）我去上海。

（39）上海へ行ってこ<u>ようかな</u>。　　　　　　（方懋、高鹏飞，2004）

同样，中国人在吃完某东西后，如果觉得好吃，一般会说"这个好吃"，而在近年来，在表达自己的感受或感觉时，有日本人不直接使用「これ、おいしい」（这个好吃）发表自己看法，而是说「これ、おいしい<u>かも</u>」（这个<u>或许</u>好吃）；在表达自己喜欢之意时，使用「好き<u>かも</u>」（我<u>或许</u>喜欢）；当表达自己想去某地时，不直接说「行きたい」（我想去），却说「行きたい<u>かも</u>」（我<u>或许</u>想去）［杨晓钟、曹珺红（2005）］。

综上，日本人在谈话中，为避免直接表达自己对事物的观点或看法，或避免断言等，多用「ようだ」「ね」「かな」「かも」等模糊限制语。而中国人的这种意识并不强。同时，由表3-5中的"不同点"也可看出，"hedge"一词传入日本后，其外延发生了变化。"very"（很、非常）、"I believe"（我相信）等这些加强话语语气的词在英语、汉语中被称为模糊限制语。而在日语中，「とても」「～と信じている」却并不被纳入模糊限制语的范畴；相反地，「少し」「かもしれない」等缓和语气的词被看作了模糊限制语。因

此日汉模糊限制语并非一一对应关系。

3.4　结论和今后的课题

　　本研究在前人研究基础上，分别从表现形式、在话语中的位置及语用视角等三个方面对日汉模糊限制语进行了分类。在此基础上，探讨了日汉模糊限制语在特征上的异同，并在一定程度上对造成该差异的原因进行了考察。今后将从话语分析的角度对形成该差异的原因进行更为全面、具体的考察。

第4章
日语模糊限制语与相关理论的关系

关于英汉模糊限制语与格莱斯（H.P.Grice）的合作原则、斯珀伯和威尔逊（Sperber-Wilson）的关联理论的已有研究（高晓芳·张琴（2002）、杨毓隽（2007）、刘娜（2011）等）进行了论述和考察，然而纵观国内外研究发现，有关日语模糊限制语与合作原则、关联理论及信息界域理论关系的研究尚不多见。本章拟对日语模糊限制语与相关理论的关系展开论述。

4.1 从合作原则看日语会话中的模糊限制语

4.1.1 合作原则

合作原则是语用学的一个重要原则。美国语言哲学家格莱斯（H.P.Grice）认为，人们在语言交际中，为了达到某种目的，保证会话的顺利进行，谈话双方应该遵守合作原则。格莱斯（Grice）认为，合作原则具体体现为以下四条准则（胡壮麟，2002；有光奈美，2010；田中一彦，2000等）。

一、数量准则（Quantity Maxim）。即所提供的信息应是交际所需

的，不多也不少。

（「量の公理（Quantity）：適切な量の情報を提供せよ。多すぎても少なすぎてもいけない」）

二、质量准则（Quality Maxim）。所提供的信息应是真实的，不要说自己认为缺乏足够证据的话。

（「質の公理（Quality）：真であると信じていることを言え。偽であるとわかっていることを言ってはいけない」）

三、关系准则（Relation Maxim）。要有关联。

（「関連性の公理（Relation）：関係の無いことを言ってはいけない」）

四、方式准则（Manner Maxim）。要清晰。避免晦涩、避免歧义、要简练、要有序。

（「様式の公理（Manner）：明確にあいまいでなく簡潔に順序だてて言うこと」）

那么，在含有模糊限制语的日常交际会话中，说话人如何遵守或背离这四条准则、模糊限制语在谈话中具备何种功能、与合作原则有何关联等，本节将就这一系列问题展开探讨。

4.1.2　日语模糊限制语和合作原则

4.1.2.1　日语模糊限制语和数量准则

（1）ちょっと、コーヒーでものみませんか。　　　（牧原功，2012）

（2）今日、これから映画なんかどう？　　　（牧原功，2012）

例（1）中，说话人使用「でも」，表明只举出一例，对于喝什么饮品未加断言，即喝咖啡（「コーヒー」）以外的饮品也可以，这样就将选择权交与听话人。例（2）中的「なんか」也是如此。说话人举出一例（看电影）以示接下来将要去干什么。在说话人看来，不看电影也无所谓。从表面看，例（1）和例（2）说话人提供的信息量不足，似乎违背了"数量准则"（即所提供的信息应是交际所需的，不多也不少）。实际上，在例（1）和例（2）中，说话人并未强硬地将自己的主张（「コーヒーを飲む」、「映画を見る」）传达给听话人，而是通过使用「でも」、「なんか」这两个模糊限制语，以跟对方商量的语气，将选择权交与对方，委婉地表达了自己的意思。听话人领会到说话人所要表达的含义后，会话得以顺利展开。因此可以说，这实际上也是对数量准则的一种遵守。再如例（3）。

（3）客：ビール<u>でも</u>もらおうか。

　店員：何本お持ちしましょうか。

　客：じゃあ、3<u>本</u><u>くらい</u>持ってきて。　　　　　　　　（牧原功，2012）

例（3）中画线部分「でも」「くらい」为模糊限制语。这些模糊限制语的使用，与直接表述（「ビールもらおうか」「3本持ってきて」）相比，虽然在一定程度上为店员（「店員」）理解顾客（「客」）的意图加重了负担，但并未真正违背数量准则。

4.1.2.2　日语模糊限制语和质量准则

（4）「あのときはすぐにはピンとこなかったが、たしかに根津金融といった」

　　「そうだわ、あの人たちもルーツホテルのチェーン店なんだわ」

　　チェーン店というのはおかしいが、おなじ資本系列であることに

変りなかった。

「私たちに気がついたの<u>かしら</u>」

「それどころか、おれたちを尾行しているつもり<u>らしい</u>」

「いやぁだ」

「殺し屋のふたりに、バトンタッチする気だぜ」

「バトンがつまり、私たち？」

「あいつらに根津の息がかかってると知ったら、きみに三ツ江を名乗らせるんじゃなかった」

「今ごろいってもおそいわよ。いつからつけてるん<u>でしょう</u>」

「玉名駅から<u>かもしれない</u>…奴さんたち、久留米をひきあげるときに、熊本へ電話して、根津一馬に指令を仰いだんだ。そこでおれたちの名が出れば、なにがなんでも足取りをつかめと、怒鳴られたにきまってる」

「しっ…ドアの隙間から、こっち見てるわ」

「こうなったら、狸をきめこもうや」

シンと真由子は、仲よく窓際へ頭をもたせかけた。デッキまで届かない程度の小声で、目を閉じたまま話し合う。

「熊本へ着いたら、あのふたり追って乗るでしょうね」

「ああ」

困ったことにこのドン行は、熊本行きだった。ひと駅先まで乗って迷わせるという方法は、とれない。

ふたりの席は、尾行者のいるデッキから、わずかしかはなれていなかった。

（『火の国死の国殺しを歌う』）

例（4）出现了「かしら」、「らしい」、「でしょう」、「かもしれない」等4个模糊限制语。与其说说话人（真由子或「シン」）是在回避对话语内

容的断言，倒不如说在当时情况下，无法进行断言的可能性较高。说话人在话语末尾处分别使用了「かしら」等模糊限制语，用于缓和自己的话语态度或回避责任。因此，说话人对话语内容无法进行断言的可能性较高时使用模糊限制语，看似违反了质量准则中的"不要说自己认为缺乏足够证据的话"，实际上恰恰遵守了质量准则。

4.1.2.3　日语模糊限制语和关系准则

（5❶）女性：「ねえ、旅行行きたい<u>な</u>。」
　　　　男性：「金あるのかよ。」

例（5）中，「女性」通过「な」的使用，委婉地向听话人（「男性」）表达了自己想去旅行的愿望（「旅行行きたい」），并与话语开头的「ねえ」相呼应。「男性」的回答（「金あるのかよ」），似乎与「女性」的发话无关，所答非所问，看似违反了关系准则，实际上有「お金がないから、旅行には行けない」之意。

4.1.2.4　日语模糊限制语和方式准则

（6）A51❷：えーと　こう　いや　<u>あのう</u>　あなたから頼まれたんだから　本当はやりたい　やってあげ　引き受けてあげたいんだ<u>けど</u>
おー　今年だけは　どうしても　<u>あのう</u>　家の事情があって
子供の世話<u>とか</u>に　手間がかかるし　<u>あのう</u>　私も出張が多くて
そういった会合とかにも参加できそうもないんで　かえって迷惑がかかる<u>と思う</u>んで　今年はちょっと　おー　一年様子を見さしてもらって　で　また<u>あのう</u>　来年以降やりたくないわけじゃ

---

❶ http：//www.nihongokyoshi.co.jp/manbow/manbow.php?id=190.
❷ A51 是采访调查顺序的 ID 编号。参看李凝（2014）。

ないんで　あのう　考えときますんで　考えとくから　そのとき
に　もう一回考えるんで　今年はちょっとどうしても　あのう
やりたくないというわけじゃないんだけど　おー　事情があって
ちょっとできないんで　えー　様子を見さしてください

　　例（6）是被采访人 A51 拒绝 "担任居委会某职务" 的回答。该回答较
长，共 276 个字。A51 多次重复使用了「あのう」、「けど」、「とか」、「ちょっ
と」等模糊限制语，表达了自己并不是不想担任该职务，但由于既要操心
家里的事情，又要出差等，为了不给大家添麻烦，反复思量后做出 "无法
担任，看情况再说"（「ちょっとできないんで　えー　様子を見さしてく
ださい」）的决定。A51 运用了含有模糊限制语的 276 个字作答，看似冗长、
无条理、意思模糊不清，事实上恰是由于模糊限制语的使用，显得 A51 的
拒绝不那么直接，缓和了语气，这样既达到了委婉拒绝的目的，表达了自
己的立场，又维护了对方的面子，保持了顺畅的人际关系。

　　（7）A：今晩、一緒に飲みに行きませんか。

　　　　B：今日はちょっと……　　　　　　　　　　　　　（劉亜髄，1999）

　　在例（7）中，A 邀请 B 晚上一起喝一杯，B 并未直接接受或拒绝，而
是以 "今晚有点…"（「今日はちょっと……」）作答，未明确告诉对方确切
的信息，违反了合作原则，产生了会话含义。例（8）也是如此。当被问及 "那
个人"（「あの人」）怎么样时，说话人未直接作答，用「ちょっとね」对 "那
个人" 作了负面评价，比如 "那个人有点儿怪"（「あの人は変だ」）等。

　　（8）あの人はちょっとね。　　　　　　　　　　　　　　（同上）

4.1.3　小结

人们在会话中频繁使用日语模糊限制语，而格莱斯的合作原则又是人们在会话中需要遵守的一个重要原则。本节考察了含有日语模糊限制语的会话与合作原则各准则的关联，具体可概况如下。

（1）在会话中，使用「でも」、「なんか」等模糊限制语，看似违背了数量原则，实则遵循了数量原则。

（2）在会话中，使用「かしら」、「らしい」等模糊限制语，看似违背了质量原则，实则遵循了质量原则。

（3）在会话中，使用「な」等模糊限制语，看似违反了关系准则，实际遵循了关系准则。

（4）在会话中，使用「あのう」、「ちょっと」、「けど」等模糊限制语，看似违背了方式准则，实则遵循了方式准则。既表达了自己的立场，又维护了对方的面子，保持了顺畅的人际关系。

（5）在会话中，使用「ちょっと」等模糊限制语，并未向对方提供确切的信息，违背了合作原则，产生了会话含义。

4.2　从关联理论看日语拒绝表现中的模糊限制语

关联理论是一种语言交际理论，1986 年由斯珀伯和威尔逊（Sperber-Wilson）提出。关联理论认为，任何话语都是有关联的，话语的理解过程就是寻找关联的过程。

拒绝行为是日常生活中无法回避的现象，它反映在语言上形成独特的表达方式［崔庆梅 / 秀文（2007）］。森山卓郎（1990）将日语拒绝表现分

为四类，即直截了当型（「嫌型」）、谎言型（「嘘型」）、拖延型（「延期型」）、搪塞型（「ごまかし型」）。斯珀伯和威尔逊认为，成功交际的关键在于说话人和听话人能否找到最佳关联。而一个话语要建立起最佳关联，必须具备如下两个条件：当话语能够产生足以引起听话人注意的效果；该话语让听话人为取得这些效果而确实付出了一番努力。寻求最佳关联就是人们在语言交际活动中自觉遵守关联原则：任一推理交际行为必须保证其最佳关联性。

那么，在实施拒绝的过程中，说话人在使用以上 4 种拒绝表现时，为听话人理解话语提供了何种关联、会话双方如何找到最佳关联、模糊限制语在其中发挥怎样的作用等，本节将就这一系列问题展开讨论。

4.2.1 关联理论

关联理论认为，话语的关联程度取决于话语所具有的语境效果和处理话语时所做的努力两个因素。在语境效果相同的情况下，听者处理话语时所付出的努力越大，话语的关联性就越小；而在处理话语时所做的努力相同的情况下，获得的语境效果越大，话语关联性就越大。Sperber 和 Wilson 认为，最佳关联性来自最好的语境效果；人们对话语和语境假设的推理越成功，话语的内在联系就越清楚，这样人们在思辨和推理过程中无须付出太多的努力，就能取得好的语境效果，从而正确理解话语，使交际获得成功。关联理论提出了两条关联原则。

关联的第一原则：

認知の原理

Human cognition tends to be geared to the maximization of relevance.（Wilson & Sperber 1996）

人間の認知は関連性を最大にするように働く性質をもつ。

认知原则：人类认知倾向于有机构成以达到最大关联。

关联的第二原则：

伝達の原理

Every ostensive stimulus conveys a presumption of its own optimal relevance.

全ての顕示的伝達行為は、それ自身が最適な関連性を持つことわ当然視している。

交际原则：每一个明示的交际行为都应设想为它本身具有最佳关联。

4.2.2　日语拒绝表现

李凝（2014）考虑到在"难以开口""难以拒绝""想要逃避责任或缓和话语态度"等场合，「あのう」、「けど」、「ね」、「思う」等模糊限制语可能出现的次数较多，并以尾崎喜光（2006）为参考，提供3个请求和4个拒绝场景，实施采访调查❶，由采访人询问被采访人在每一场景下具体采取何种语言行动。4个拒绝场景为："本地亲密友人请求自己担任居委会某职务时，请给予拒绝（「地元の親しい友人との間における町内会役員の断り」)"，"本地节日来临之际，本地亲密友人请求自己在众人面前唱歌时，请给予拒绝（「地元の親しい友人との間における地元の祭りの際，みんなの前で歌を歌うことの断り」)"，"在本地亲密友人家里，当友人请自己留下吃饭时，请给予拒绝（「地元の親しい友人との間における自宅訪問時（食事時）食事の断り」)"，"面对初次见面且使用共通语的报纸销售人员的劝诱，请给予拒绝（「共通語を話す初対面の新聞販売員の勧誘の断り」)"。具体内容如下❷。

A.地元の町内会の相談で、役員がなかなか決まりません。

A2　あなたが、親しい友人から「役員を引き受けてほしい」と頼まれ

---

❶　采访对象为住在首都圈（东京都、神奈川县、千叶县、埼玉县、茨城县、群马县、栃木县、山梨县）的日本人，共计190人（大学生30人，参加工作的人160人）。本研究使用的数据是190名（20～29岁共37人，30～39岁共30人，40～49岁共60人，50～59岁共35人，60～69岁共19人，70～79岁共6人，80～89岁共3人；男性86人，女性104人）被采访人的回答。

❷　A1、B1、C1为请求场景，"请求场景"和"请求表现"不作为本研究的研究对象。

ました。どうしても引き受けることができません。なんとか断っ
てみてください。

B.町まつりの実行委員が、祭りのイベントでみんなの前で歌う人を探
しています。

B2　あなたが親しい友人にみんなの前で歌ってくださいと頼まれまし
た。

　どうしても人前で歌う気にはなれません。なんとか断ってみてく
ださい。

C.食事時に用意されていた食事を勧めたり、断ったりしてもらいます。

C2　あなたが親しい友人の家を訪問しています。食事時となり、友人
はすでに用意していた食事を勧めてくれますが、どうしても食べ
るわけにはいきません。なんとか断ってみてください。

D.あなたが、一人で家にいる時に、初対面の新聞購読を勧めるセール
スマンが訪ねてきました。セールスマンの勧誘をなんとか断ってみ
てください。

　　那么，在以上 4 个场景下，被采访人在实施拒绝时，如何实现了最佳
关联、模糊限制语在其中起到了何种作用等，下面引用被采访人的回答加
以分析考察。

4.2.3　拒绝表现—关联理论—模糊限制语

　　本节以森山卓郎（1990）对拒绝表现的 4 种分类为基准展开探讨。

4.2.3.1　直截了当型（「嫌型」）

　　在采用"直截了当型（「嫌型」）"作答［表 4-1：例（9～12）］时，
说话人（被采访人）分别以"不能担任某职务（「引き受けることができま

せん」）"不想唱歌（「歌いたくありません」）""不好意思，吃不了（「ご
めん、それは食えない」）""不需要（「要りません」）"等直接表达了拒绝
之意。话语中基本不含「ちょっと」、「かな」之类的模糊限制语。在语境
效果相同的情况下，正是这种不含模糊限制语的、"直截了当型"的回答，
使听话人（采访人）处理话语时无需付出太多努力，就能明白说话人传达
的意图（即"拒绝"）。

表4–1　各场景下"直截了当型（「嫌型」）"回答

拒绝场景	回答
A2	（9）A169❶：引き受けることができません
B2	（10）A169：歌いたくありません
C2	（11）A20：ごめん、それは食えない
D	（12）A11：要りません

4.2.3.2　谎言型（「嘘型」）

下表 4–2 中列举的"谎言型（「嘘型」）"回答中，说话人以各种各样
的理由回绝了对方的请求。说话人的话语中包含不少模糊限制语（画线部
分），比如例（13）中的「とか」、「ちょっと」和「かな」、例（14）中
的「ちょっと」和「ね」、例（15）中的「けど」和「ちょっと」、例（16）
中的「ちょっと」等。所列举的回答中均使用了「ちょっと」这一模糊限
制语。在 A158 的话语中，说话人在进入否定性内容即拒绝性内容之前，
通过在话语前附加「ちょっと」，"暗示紧跟其后的为否定性话语内容，给
听话人提供一个接受消极内容的心理准备，减弱说话人的心理负担❷"。也

---

❶　A169 是调查顺序的 ID 编号。参看李凝（2014）。下同。
❷　日语原文：あとに続く否定的な内容を暗示させ、聞き手に負のマイナスの内容を受け止め
る心の準備を与えたり、話し手の心理的な負担を弱めたりする働きになる。参看岡本佐智子・斎
藤シゲミ（2004）。

就是说，在该拒绝场景下，通过将「ちょっと」放在拒绝性话语内容之前，说话人将自己的主张（「一緒に食事できない」）柔和地表达出来。由于说话人表述不是那么直接，尤其是加入模糊限制语后，与"直截了当型"直接断言不同，听话人在理解此类含模糊限制语的话语时，需要付出一定的努力。

表4-2　各场景下"谎言型（「嘘型」）"回答

拒绝场景	回答
A2	（13）A26：バイト<u>とか</u>勉強が忙しいから　役員になることは<u>ちょっと</u>難しい<u>かな</u>
B2	（14）A158：<u>ちょっと</u>今日の喉が　喉の調子が悪くて　人前で歌う気がしないんだよね　ごめん<u>ね</u>
C2	（15）A152：嬉しいんだけど　<u>ちょっと</u>これから病院いって検査しなきゃいけなくて　<u>ちょっと</u>食べられないんだ
D	（16）A13：えっと　え　<u>ちょっと</u>これから出かけないといけないんで　失礼します

4.2.3.3　拖延型（「延期型」）

"拖延型（「延期型」）"回答（表4-3）是作为一种暂时性回避因拒绝对方而怕引起关系紧张的一种手段，是将对方拜托的事情往后推脱的一种方式。比如，例（17）中出现了"「今回はえ　ご容赦ください　申しわけありません」"，即暗示这次不能答应对方的请求，以后或许可以。这种类型的回答虽未很直截了当地拒绝对方，但却含有拒绝之意。而回答中模糊限制语（诸如「あのう」「と思います」「なんか」等）的出现，虽也在一定程度上缓和了说话人的态度，使"拒绝"显得不那么直接生硬，避免听话人难以接受，但也多多少少为听话人理解说话人的意图增加了负担，耗费了一些劳力。

表4-3 各场景下"拖延型（「延期型」）"回答

拒绝场景	回答
A2	（17）A100：申しわけありません　え　お引き受けしたいんですが　今回は家の事情でお引き受けすることができません　また次の機会にはぜひあのう　お引き受けしたいと思いますので　今回はえ　ご容赦ください　申しわけありません
B2	（18）A144：今日なんか体調悪いし　また今度　次の機会ね
C2	（19）A66：心遣いは大変　え　嬉しいのですけれど　ほか用事がありまして　あの　食事し　え　いただくわけには行きませんので　今回はすみません　またぜひとも次回させてください
D	（20）A37：えっとうちは　うんー　長い間あの新聞しかなれていないもんだから　もうちょっと　あのう　読んでから　またその次にしたいと思います

4.2.3.4 搪塞型（「ごまかし型」）

森山卓郎（1990）所指的"搪塞型（「ごまかし型」）"（表4-4）指对于他人的请求等不予回答，一笑置之，但暗含拒绝对方之意。"搪塞型（「ごまかし型」）"是4种拒绝表现中最不直接的拒绝。从例（21）~（24）可见，与前3种类型相比，实施拒绝时的话语越长，模糊限制语的使用频率也偏高。比如例（21）中，说话人以自己工作忙、早出晚归、会给大家添麻烦等较为含糊的措辞叙说了不能担任居委会某职务，由此一来，自己也可从应承担的责任中脱离出来。

表4-4 各场景下"搪塞型（「ごまかし型」）"回答

拒绝场景	回答
A2	（21）A53：あ　渡辺さん　あのう　えー　今回　町内会の役員ということで　まあ　私が言われたんですけど　ちょっと申し訳ないんだけど　今　えー　仕事がちょっと忙しくて　えー　夜も毎日残業残業で　え　帰ってくるのがね　深夜になって　まあ　土日も　出勤しなければいけないっていうか　時たまね　あるので　みなさんに　え　ご迷惑をおかけすることがね　多くなってしまうと思うので　ちょっと　あのう　このタイミングではね　役員は　逆に皆さんに迷惑をかけてしまうので　勘弁してほしい

拒绝场景	回答
B2	（22）A157：えっと　私にあのイベントで歌を歌ってくれという話ですけども　えー　私やっぱり人前で歌うというのはどうしてもいまいち　えー　踏ん切りがつかないところもありますし　それからよく知ってる通り　私うまくないでしょう　やはり　ですから　やっぱり　ちょっと無理かなあと思います　やっぱり　あのう　盛り上げるという意味でなかなか　イベントの中で盛り上げることができないなあという気がしますので　え　どうか勘弁願いないでしょうか
C2	（23）A157：やー　どれも美味しそうだと非常に思いますけど　実はね　私本当に正直に申し上げると　これ苦手なんですよね（って）　あのう　み　非常に美味しそうに見えるんですけど　ちょっとだめなんで　これ　これだけ申し訳ないけど　どうしても勘弁してください　すみません
D	（24）A101：うちではですね　あのう　新聞を今　三種類取ってるんです　ですから　もうこれ以上取るのはちょっとね　あの　控えたいと思いますので　申しわけありませんけれど　勘弁してください

4.2.4　小结

本节从斯珀伯和威尔逊（Sperber-Wilson）提出的关联理论出发，通过以上对拒绝表现的 4 种类型的分析可见，在语境效果相同的前提下，说话人的话语中模糊限制语越多，显得说话人的话语越不直接，听话人理解处理话语时所需的劳力越大，话语的关联性越小。反之则相反，即在语境效果相同的前提下，说话人的话语中模糊限制语越少（包含不含模糊限制语的情况），显得说话人的话语越直接，听话人理解处理话语时所需的劳力越小，话语的关联性越大。

4.3　从信息界域理论看日语模糊限制语

4.3.1　信息界域理论

了解信息界域理论（The theory of territory of information，情報のなわ張り理論），需要从界域（「なわ張り」）这个词着手。

4.3.1.1　界域

《广辞苑》（第六版）和《大辞林》（第三版）分别对"界域（「なわ張り」）"作了如下解释（表 4–5）。

表4–5　词典对"界域"一词的解释

词典	解释
《广辞苑》（第六版）	①縄を張って境界を定めること。建築の敷地に縄を張って建物の位置を定めること； ②博徒の親分の勢力範囲。通常、その範囲内における賭博の権利を保有し、他の者の無断の開帳を許さない。転じて一般に、勢力範囲； ③動物の個体や集団が競争者を侵入させないよう占有する一定の領域。領分
《大辞林》（第三版）	①縄を張りめぐらして境界を定めること。特に、建物などを建てるとき，敷地に縄を張って建物の位置を定めること。縄打ち； ②城の曲輪・堀・石垣などの配置。また，配置を定めること。経始； ③博徒の親分・暴力団などの勢力範囲； ④ある者の勢力範囲。領分； ⑤動物の個体・集団などが捕食・生殖などのため，他の個体や集団の侵入を許さない占有区域。テリトリー

神尾昭雄（1990、2002）中提出的"信息界域理论"之"界域"指以上解释中的③（《广辞苑》）和⑤（《大辞林》），即"某种动物视为其势力范围的空间"（「ある種の動物がその勢力範囲と見なす空間」），且不允许其他个体的入侵（「他の個体が侵入することを許さない」）。

4.3.1.2　信息界域理论

神尾昭雄（1990）认为对于人和动物的行为产生影响的"界域"概念也适用于人，也可体现在语言上，由此提出了"信息界域理论"。该理论包含两种心理标度，分别属于说话人和听话人。这两种标度可以用来表示谈话双方与某一特定信息的距离，并提出了说话人信息界域（「話し手のなわ張り」）和听话人信息界域（「聞き手のなわ張り」）。神尾昭雄（2002）在神尾昭雄（1990）的基础上发展了该理论，提出了以下设想（图 4-1 和图 4-2）。

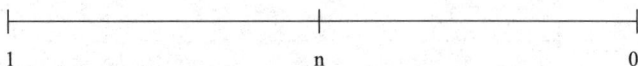

```
|----------------------------|----------------------------|
1                            n                            0
```

图 4-1

在图 4-1 中，1 表示对情况比较了解或距离信息较近，0 表示完全不知情或距离信息较远。n 是介于 1 和 0 之间的某一特定值，指听话人和说话人信息界域的外部信息。图 1 主要是表明说话人和听话人对信息的熟知程度，位于 n 左侧视为落入界域内，位于 n 右侧则视为不在界域内。图 2 为分别将说话人（S）和听话人（H）纳入 1 次元标度尺上的情况。

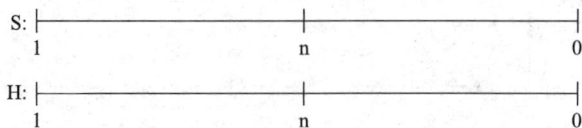

```
S: |------------------------|------------------------|
   1                        n                        0

H: |------------------------|------------------------|
   1                        n                        0
```

图 4-2

信息界域理论从说话人的视点出发，将话语形式与其所表示的信息间的关系作为考察对象。一般来说，信息界域包含以下4种类型（表4-6❶）。其中S、H为会话的两个参与者，S为说话人，H为听话人。

表4-6　信息界域的4种类型（神尾昭雄1990：22）

类型	定义	话语形式
A	说话人的界域内·听话人的界域外（1=S＞H＜n）	直接形
B	说话人的界域内·听话人的界域内（1=S≥H＞n）	直接「ね」形
C	说话人的界域外·听话人的界域内（1=H＞S＜n）	间接「ね」形
D	说话人的界域外·听话人的界域外（n＞S≥H）	间接形

以类型A为例加以说明。当信息在说话人的界域内、听话人的界域外时，说话人在表述信息时，一般采用直接形式。

（25）昨日は動物園に行ってきました。　　　　　（神尾昭雄 1990：22）

例（25）叙述的是说话人前日的行为，对于说话人来说距离信息较"近"，信息落在说话人的界域内。即便听话人与该信息有所关联，由于说话人发话时并未将这一点考虑在内，因此例（25）所表述的信息距离听话人较远，不属于听话人的信息界域内。也就是说，信息是否落在说话人或听话人的界域内，关系到会话时所采用的话语形式。如果采用例（26）这种以间接形式表述例（25）的方式，则会略显奇怪。

（26）○○昨日動物園に行ってきたらしい。　　　（神尾昭雄 1990：23）

神尾昭雄（2002）在以上4种类型的基础上添加了「だろう形」（表

❶　见神尾昭雄（1990、2002）。

4-7）。本研究认为在信息界域框架下分析日语模糊限制语时，无必要将「だろう形」（例（27）~（28）❶）单独列出，因此采用神尾昭雄（1990）的4种类型分类法。

　　（27）山田さんは来ない<u>だろう</u>。　　　　　　（神尾昭雄2002：22）
　　（28）あの人、フィリピン人<u>だろう</u>？　　　　（神尾昭雄2002：23）

表4-7　信息界域的6种类型（神尾昭雄2002：18-19）

类型	定义	话语形式
A	说话人的界域内·听话人的界域外（1=S＞H＜n）	直接形
B	说话人的界域内·听话人的界域内（1=S≥H＞n）	直接「ね」形
BC	说话人的界域内·听话人的界域内（1=S＞H＞n）	だろう形
CB	说话人的界域内·听话人的界域内（H＞S＞n）	だろう形
C	说话人的界域外·听话人的界域内（1=H＞S＜n）	间接「ね」形
D	说话人的界域外·听话人的界域外（n＞S≥H）	间接形

4.3.2　研究立场和内容

　　本研究在前人研究的基础上，依据 Reiko Itani（1996）、入戸野みはる（2004、2008）、李凝（2014）等，运用神尾昭雄（1990、2002）提出的"信息界域理论"，考察日语模糊限制语在会话中的使用场景等，即日语模糊限制语的使用是否遵循该理论、信息界域的4种类型是否完全适用于模糊限制语、说话人如何使用模糊限制语传递所要表达的信息等。

---

❶　例（27）中，说话人100%知道山田不会来，听话人虽然对信息的熟知程度不如说话人，但也在一定程度上获悉信息，将信息纳入了自己的界域内。例（28）中，听话人比说话人更熟知该信息，说话人对信息的熟知程度虽不比听话人，但也超过了 n 的范围。

4.3.3　模糊限制语和信息界域理论

模糊限制语原本属于英语圈语言。G.Lakoff（1972）将模糊限制语定义为 "words whose job is to make things fuzzier or less fuzzy"，即 "把事物弄得模模糊糊的词语"。我们可将 G.Lakoff（1972）的定义直译为 "把事物弄得模糊的词语"（笔者译。即 words whose job is to make things fuzzier。比如，sort of）和 "减轻事物模糊性的词语"（笔者译。即 words whose job is to make things less fuzzy。比如，very）。也就是说，"把事物弄得模糊" 和 "减轻事物模糊性" 之功能是英语模糊限制语的范畴。然而，"hedge" 一词传入日本、被译成日语的「ヘッジ」后，范畴却发生了变化。这点由 Reiko Itani（1996）、入戸野みはる（2004、2008）和李凝（2014）对模糊限制语的定义可见一斑。日语模糊限制语并非 "把事物弄得模糊" 和 "减轻事物模糊性"，即日语模糊限制语并非一种含糊不清表现（「曖昧表現」），而是具备 "缓和或弱化话语态度"［発話態度を「緩和する」（和らげる／弱める）］之功能的词或表达。通过在会话中使用模糊限制语，说话人可以避开断言，缓和话语态度，或回避责任、仅表示一定的责任或确定。

由以上可见，日语模糊限制语聚焦于谈话双方的一方（即说话人），与听话人关系不大。说话人在谈话中通过使用模糊限制语对自己的话语产生某种作用，即说话人在叙述带有主观性的判断、意见或看法时，通过模糊限制语的使用可以缓和话语态度、逃避或回避对自己的话语所承担的责任。另外，信息界域理论则关联到谈话双方，且在该理论框架下，根据谈话双方所持有信息量的多寡，采用不同的话语形式。因此，虽然不能完全将模糊限制语置于该理论下，但我们可以运用该理论，从信息界域角度考察模糊限制语。

上述表 4-6 以说话人为基准将信息界域分成 4 种类型，并提示了各自

相对应的话语形式。本研究针对模糊限制语是否适用于以上 4 种情况进行了考察，其结果如下表（表4-8）。

表4-8　日语模糊限制语和信息界域

类型	定义	模糊限制语是否出现在话语中
A'	说话人的界域内（1＝S≥n）	是
B'	说话人的界域外（0<S<n）	是

模糊限制语的使用以说话人为基准，说话人（S）所掌握的信息量在标度尺上的尺度如下图（图 4-3）。图 4-3 主要是表明说话人对信息的熟知程度，位于 n 左侧视为落入界域内，位于 n 右侧则视为不在界域内。下面分别对类型 A' 和类型 B' 进行验证。

说话人（S）：

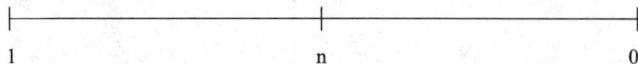

$$1 \qquad\qquad n \qquad\qquad 0$$

图 4-3

类型 A'：说话人的界域内（1 ＝ S ≥ n）

（29）〔場面：主人公は母と、祖母からもらった一枚の葉書について話
している。その葉書の裏に短い便りがしたためられている。〕
　母：なんて書いてある。
　主人公：伯父さんたちが旅行に行ったんだって。
　母：どこへ。
　主人公：京都。
　母：お祖母さんは。

主人公：留守番<u>でしょう</u>。

（『手紙』）

例（29）出现了「って」和「でしょう」等两个模糊限制语。主人公在回答妈妈的提问时，虽知道「伯父さんたちが旅行に行った」等，却未直接加以断言，而是在紧随话语后附加了「って」和「でしょう」。「って」表明信息源，指主人公未直接对自己的话语（即「伯父さんたちが旅行に行った」）进行断定，同时也说明对该话语不承担全部责任，而是承担一定责任或免于承担责任。通过使用「でしょう」，缓和了「留守番だ」这一肯定性话语，使话语听起来更为柔和。如此一来，谈话双方的交流也能顺利且有效地进行。

（30）「ご栄転らしいことはわかります。しかし、あのご研究をもとに、取引所法の抜本的な改正を農商務省や政府に持ちかけると言われたではありませんか」

「駄目でしたよ。そんなもんだ」

と言った堀江の顔が意外に暗くない。木谷は拍子抜けした。

「馬鹿が多くてね。意味がまるでわかっていない。時期尚早とか何とかぬかしてね。まあいいですよ。<u>一応</u>、問題提起はしたんですからね。あれも、宇野や間宮の売り逃げや買増しで儲けた事例を積み重ねて書いたものでしてね。お世話になりました」

堀江は、頭を軽く下げた。

「お互い、がんばりましたね。いい経験だったではないですか」

すべてが終わったような堀江の口ぶりである。

（『インサイダー』）

例（30）中有「とりあえず」和「一応」两个模糊限制语。通过查阅

辞典可知，这两个词含义基本相同。在例句中分别位于「あした鑑識が来てからだ」和「問題提起はしたんですからね」等断定性话语之前，缓和了断定语气，事后即便有变化，说话人（映一和堀江）也可在某种程度上回避责任。

　　类型 B'：说话人的界域外（0<S<n）

（31）「あのときはすぐにはピンとこなかったが、たしかに根津金融
　　　　といった」
　　　「そうだわ、あの人たちもルーツホテルのチェーン店なんだわ」
　　チェーン店というのはおかしいが、おなじ資本系列であることに
　　変りなかった。
　　　「私たちに気がついたの<u>かしら</u>」
　　　「それどころか、おれたちを尾行しているつもり<u>らしい</u>」
　　　「いやぁだ」
　　　「殺し屋のふたりに、バトンタッチする気だぜ」
　　　「バトンがつまり、私たち？」
　　　「あいつらに根津の息がかかってると知ったら、きみに三ツ江を
　　名乗らせるんじゃなかった」
　　　「今ごろいってもおそいわよ。いつからつけてるん<u>でしょう</u>」
　　　「玉名駅から<u>かもしれない</u>…奴さんたち、久留米をひきあげると
　　きに、熊本へ電話して、根津一馬に指令を仰いだんだ。そこでおれ
　　たちの名が出れば、なにがなんでも足取りをつかめと、怒鳴られた
　　にきまってる」
　　　「しっ…ドアの隙間から、こっち見てるわ」
　　　「こうなったら、狸をきめこもうや」
　　シンと真由子は、仲よく窓際へ頭をもたせかけた。デッキまで届
　　かない程度の小声で、目を閉じたまま話し合う。

「熊本へ着いたら、あのふたり追って乗るでしょうね」

「ああ」

　困ったことにこのドン行は、熊本行きだった。ひと駅先まで乗って迷わせるという方法は、とれない。

　ふたりの席は、尾行者のいるデッキから、わずかしかはなれていなかった。

（『火の国死の国殺しを歌う』）

　例（31）出现了「かしら」、「らしい」、「でしょう」、「かもしれない」等4个模糊限制语。与其说说话人（真由子或「シン」）是在回避对话语内容的断言，倒不如说在当时情况下，无法断言的可能性较高，因此在话语末尾处分别使用了「かしら」等模糊限制语，用于缓和自己的话语态度，或回避责任。

（32）そこで、夏目理恵子が検察庁へおもむき、警察から検察庁へ送
　　　られてきた捜査書類や上原志津子の供述調書などを精査し、そ
　　　の結果を電話で猪狩文助に報告した。

「猪狩先生。心配したとおり、上原志津子さんは、川北警部の仕掛けた罠に陥ってしまった<u>ようです</u>わ」

「それじゃ、彼女は、夫殺しを認めてしまったのか？」

「全面的に認めたわけじゃありません。で、その一部については、自白したのも同然ですわ」

「と言うと？」

「例えば、こういう意味のことが、彼女の供述調書に書いてあるんです。ガラス戸を破って侵入してきた犯人がニューナンブM60を手にしているのを見て、彼女は、もしかすると、夫じゃないかって…」

「なるほど。夫の上原東吾は、勤務先の警察署からニューナンブ

115

M60を持ち帰り、彼女に見せびらかしたりしておった。たぶん、ガンマニアのようなところが夫にはあったんだろう」

「それは事実のようです。モデルガンなんかも集めていたと、彼女は供述調書のなかで述べています」

「ちょっと待てよ。それだったら、夫とおぼしき犯人が手にしている拳銃が本物のニューナンブM60ではなく、モデルガンではないかと、ふと彼女は思ったのかもしれんな」

「実際、そのとおりのことが彼女の供述調書に書いてあるんです。川北警部がそのように彼女を誘導して言わせたんでしょう。いずれにしろ、彼女にとっては不利ですわ」

（『禁断の館殺人事件』）

例（32）中的「ようです」、「だろう」、「かもしれん」等属于模糊限制语。夏目理惠子在向上司汇报时，并未对上原志津子的事情（「上原志津子は、川北警部の仕掛けた罠に陥ってしまった」）加以断定，而是通过使用「ようです」，避免了断言，事后即使上原志津子陷入川北警部设的圈套，也可逃避或减轻责任。这也是一种自我防卫。此外，听话人猪狩文助并未明确断言「ガンマニアのようなところが夫にはあった」和「それだったら、夫とおぼしき犯人が手にしている拳銃が本物のニューナンブM60ではなく、モデルガン」。这是因为从上下文看，事件尚未完全水落石出，对于事实究竟如何目前尚处于推测阶段，所以不能加以断言。猪狩文助通过使用「だろう」和「かもしれん」，在一定程度上回避了责任，事后可免于麻烦或争论。

综上所述，信息界域和日语模糊限制语使用场景的关系如下（表4-9）。

表4-9　信息界域和模糊限制语的使用场景

信息界域类型	模糊限制语的使用场景	模糊限制语的实例
类型A'：说话人的界域内（1=S≥n）	信息在说话人的界域内，说话人可对话语内容进行断言，但为避开断言时，使用模糊限制语［例（29）～（30）］	って、でしょう、「とりあえず」、「一応」等
类型B'：说话人的界域外（0<S<n）	信息在说话人的界域外，说话人对话语内容无法进行断言的可能性较高时，使用模糊限制语［例（31）～（32）］	かしら、らしい、でしょう、かもしれない（かもしれん）、「ようです」、「だろう」等

在以上两种场景下，均可使用模糊限制语。通过模糊限制语的运用，说话人可以缓和话语态度，或在某种程度上逃脱责任或回避责任等。

4.3.4　小结

如前所述，模糊限制语的使用以说话人为基准，说话人在谈话中通过使用模糊限制语对自己的话语产生某种作用。本节运用神尾昭雄（1990、2002）提出的信息界域理论对日语模糊限制语进行了分析和探讨。经考察发现，当信息在说话人界域内，说话人虽能够对话语内容加以断言，但说话人为避开断言，缓和话语态度、逃避或回避对自己的话语所承担的责任时会使用模糊限制语；另外，当信息在说话人的界域外，即说话人对话语内容无法进行断言的可能性较高时，为回避责任等也会使用模糊限制语。

4.4　本章小结

本章对日语模糊限制语与合作原则、关联理论及信息界域理论等相关理论的关系进行了分析和考察，并分别得出了相应的结论。下章将就日语模糊限制的应用领域加以探讨。

第5章

日语模糊限制语的应用领域

目前已有研究（戴永红（2006）、蓝国兴（2006）、蓝希君/汪远琦（2009）、杨向娟（2009）、刘娜（2011）、唐丁红（2011）、张玲（2011）等）就英汉模糊限制语在广告、新闻标题中的应用进行了分析和考察，然而日语模糊限制语在这些领域的应用鲜少有人提及。本章拟考察日语模糊限制语在具体领域诸如日语教材、日文广告、新闻标题等的应用情况。

5.1 日语初级教材中模糊限制语的分布情况调查分析

人们在日常谈话中频繁使用模糊限制语（hedge）。入戸野みはる（2008）指出"模糊限制语是使日语变得地道的诸多要素之一●"。在教学中，或许日语模糊限制语（「ヘッジ」）对于大家而言，尚是一个陌生的概念。实际上，在面向日语初学者的初级教材中，导入了很多模糊限制语。入戸野みはる（2008）强调了模糊限制语的重要性，并从在美国哥伦比亚大学的教学实践中得出，今后在开发会话教材之际，"有必要积极引入模糊限制语，同时增加以'大组'为单位的友人间的会话例子"●。小矢野哲夫（2007）指出，

● 笔者译。日语原文：日本語を日本語らしくしているものの一つはヘッジの使用ではなかろうか。

● 笔者译。日语原文：積極的にヘッジを入れる必要があるとともに大きなグループ単位で行われる友人同士の会話例をも増やしていく必要があるのではないか。

学习者水平达到中级以上，可大量利用视听觉教材，下功夫接触更多活生生的日语❶。其中，"活生生的日语"包括年轻人用语、方言、填充词、模糊限制语等。此外，远藤睦子（2004）将反复、填充词、模糊限制语等作为"自然会话"（「自然会話」）中经常出现的要素，指出这些要素并非"不必要"，相反，适度的使用是判断学习者会话好坏的一个重要因素，并强调今后有必要在课上积极、系统地加以导入❷。

（1）鈴木真一：王さん、おはよう。

　　　　　王：あ、鈴木さん、おはよう。

　　　鈴木：こちらは高橋美穂さんです。

　　　　　王：（惊讶地）あ、昨日の方ですね。

　　　高橋：きのうはどうもすみませんでした。

　　　鈴木：あれ？知り合いですか。

　　　　　王：ええ、<u>ちょっと</u>。

　　　鈴木：高橋さんは高校の後輩で、今、京華大学の語学研修生です。

　　　高橋：はじめまして。あ、「はじめまして」じゃありません<u>ね</u>。高橋美穂です。どうぞよろしく。

　　　　　王：王宇翔です。どうぞよろしく。

　　　　　（王小声问铃木，不让高桥听见）

　　　　　王：高橋さんは鈴木さんのガールフレンドですか。

　　　鈴木：ええ、まあ。（《综合日语》（第一册）第5课 unit1）

---

❶　笔者译。日语原文：中級以上のレベルになると、視聴覚教材もふんだんに利用して、生の日本語にできるだけ多く接するような工夫がなされるものと考えられる。

❷　由于未能找到远藤睦子（密执安州立大学）的研究论文，在此引用了远藤对在第3届 OPI 国际研讨会（2004年8月在普林斯顿大学举办）的研究发表（题为「会話における"不必要な"要素を教える必要」）所做的报告。

（2）渡辺：お芝居はどうですか。

　　　王：いいです<u>ね</u>。でも、みんな芝居をしたことがありますか。

　　渡辺：わたしはありません。

　　山田：わたしもありません。高橋さんはどう<u>でしょう</u>。

　　　王：<u>たぶん</u>、<u>した</u>ことが<u>あるだろうと思います</u>よ。演劇学科志
　　　　　望ですから。

　　山田：そうです<u>ね</u>。じゃあ、高橋さんを主演女優にしましょう。
　　　　　脚本はだれが書•くんですか。

　　鈴木：わたしが書きます。おもしろい脚本が書ける<u>かどうかわか
　　　　　りません</u>。

（《综合日语》（第一册）第 15 课 unit1)

（3）来年、大学に入れる<u>かどうかわかりません</u>が、これから中国語
　　の勉強をもっとがんばろう<u>と思います</u>。

（《综合日语》（第一册）第 15 课 unit3)

（4）松本：あ、サントスさん、しばらくです<u>ね</u>。

サントス：あ、松本さん、お元気ですか。

　　松本：ええ。<u>ちょっと</u>ビール<u>でも</u>飲みませんか。

サントス：いいです<u>ね</u>。

サントス：今晩 10 時から日本とブラジルのサッカーの試合がありますね。

　　松本：ああ、そうです<u>ね</u>。ぜひみないと<u>……</u>。サントスさんはど
　　　　　ちらが勝つ<u>と思います</u>か。

サントス：もちろんブラジルですよ。

　　松本：でも、<u>最近</u>日本も強くなりましたよ。

サントス：ええ、わたしもそう<u>思います</u>が、<u>……</u>。あ、もう帰らない
　　　　　<u>と……</u>。

　　松本：そうです<u>ね</u>。じゃ、帰りましょう。

（《大家的日语》（第一册）第 21 课)

上述（1）~（4）中画线部分的「ね」、「ちょっと」、「まあ」、「でしょう」、「たぶん」、「だろう」、「と思う」、「わかりません」、「でも」、「省略」（……）、「が」、「最近」等是教材中虽未指明、但属于模糊限制语的词语或表达（入戸野みはる（2003）、李凝（2014）等）。这13种模糊限制语既包括语言表现形式，也包括非语言表现形式［Reiko Itani（1996）］，既可出现在谈话中，也可用于文章中。

5.1.1　模糊限制语在教材中的分布情况调查

本研究以《综合日语》（第一、二册，北京大学出版社。以下简称《综合》）和《大家的日语》（第一、二册，日株式会社スリーエーネットワーク编著、外语教学与研究出版社发行。以下简称《大家》）两种教材为调查对象。这两种教材具有一定的代表性。其中，《综合》是由中日专家共同编写的、在中国广为使用的教材。《大家》属于全球最畅销的日语教材。本节分别从表现形式、出现在何种语体（谈话、文章）两方面对《综合》和《大家》中模糊限制语的分布情况进行了考察。

5.1.1.1　按表现形式分类

日语模糊限制语形式多样。Reiko Itani（1996）将模糊限制语分为两种（图5-1），即语言表现形式（linguistic-expressions）和非语言表现形式（non-linguistic means）（Reiko Itani1996：11-12）。

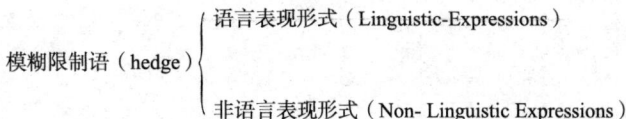

```
                         ┌── 语言表现形式（Linguistic-Expressions）
模糊限制语（hedge）┤
                         └── 非语言表现形式（Non- Linguistic Expressions）
```

图5-1　模糊限制语（hedge）的下位分类

本研究依据 Reiko Itani（1996）的分类，将教材中出现的模糊限制语分为语言表现形式和非语言表现形式。在此基础上，将语言表现形式分为词汇层面、附加成分、词组层面、句型层面 4 部分（表 5–1、表 5–2），同时参照入戸野みはる（2003），按词性将词汇层面的模糊限制语划分为：感叹词、名词、动词、副词、助词（终助词、凸显助词、接续助词、并列助词）、接续词、接尾词、助动词 8 大类。

表5–1　按表现形式分类（《综合》）

表现形式			实例
语言表现形式	词汇层面	感叹词	あのう、さ（さあ）、あのね
		名词	大多数、ほう（方）、関係、最近、感じ、このごろ、ころ（頃）
		动词	言う、感じる、考える、聞く
		副词	ちょっと、まあ、約、だいたい、少し、ほとんど、このように、なかなか、たぶん（多分）、たいてい（大抵）、かなり、だいぶ（大分）、もし、けっこう、何だか、やっぱり（やはり）、一応、なんとなく、少々
		助词　终助词	か、ね、ねえ、わね、よね、かな、かなあ、なあ、な、かも
		助词　凸显助词	ぐらい（くらい）、でも、ほど、なんか
		助词　接续助词	が、けど、けれど
		助词　并列助词	とか
		接续词	けれども
		后缀	ごろ（頃）
		助动词	だろう、みたい、そうだ、らしい、ようだ、
	附加成分		よかったら、（ん）じゃない（の）、（ん）じゃないでしょうか
	词组层面		わかりません（かわからなかった、よくわからない）、個人的（に）等

续表

表现形式		实例
语言表现形式	句式层面	①Sか＜疑问＞ ②Sね＜确认＞ ③ほとんどVません＜频率低＞ ④～とか～とか ⑤时间＋ごろ ⑥でも＜示例＞ ⑦～でしょう＜推测＞ ⑧でしょう＜确认＞ ⑨N1 でもN2でも（いい） ⑩N1 とN2と（では）どちら（のほう）が～＜选择＞ ⑪ ～と思う ⑫ ～かどうか＜选择＞ ⑬ ～だろう＜推测＞ ⑭ ～たり～たりする＜交替、反对、并列＞ ⑮ Vたりする＜示例＞ ⑯ 数量词＋ほど＜概数＞ ⑰ Vた／Vないほうがいい＜建议、忠告＞ ⑱ ～かもしれない＜推测＞ ⑲ ～と聞く＜间接引语＞ ⑳ ～くらい（程度） ㉑ ～そうだ＜征兆、预测＞ ㉒ Nのようだ＜比喻、示例＞ ㉓ Nみたいだ＜比喻、示例＞ ㉔ ～そうだ＜间接引语＞ ㉕ ～って＜引用＞ ㉖ どんなに～でしょう＜感叹＞ ㉗ ～と考えられる／思われる＜自动＞ ㉘ ～のではないか（と思う）＜委婉的主张＞ ㉙ ～らしい＜传闻、推测＞ ㉚ ～ようだ＜推测＞ ㉛ ～のではないだろうか＜委婉的主张＞ ㉜ ～ような気（感じ）がする＜感觉＞ ㉝ くらい＜限定＞
非语言表现形式		省略等

表5-2　按表现形式分类（《大家》）

表现形式			实例
语言表现形式	词汇层面	感叹词	あのう（あの～）、さあ
		名词	ほう（方）、最近、このごろ
		动词	思う、言う
		副词	ちょっと、少し、だいたい、少々、なかなか、たぶん、もし、ほとんど、たいてい（大抵）、もしかしたら、かなり
		助词　终助词	ね、かな、なあ
		助词　凸显助词	ぐらい（くらい）、でも、ほど
		助词　接续助词	が、けど
		助词　并列助词	とか
		接续词	×
		后缀	ごろ（頃）
		助动词	でしょう、そうだ、みたいだ、ようだ
	附加成分		よかったら
	词组层面		もう少し、わかりません、よくわからないんですが
	句式层面		①ちょっと休みましょう。 ②わたしは日本語が少しわかります。 ③ちょっと待ってください。 ④休みの日はテニスをしたり、散歩に行ったりします。 ⑤あした雨が降ると思います。 ⑥首相は来月アメリカへ行くと言いました。 ⑦でしょう？ 　あしたのパーティーに行くでしょう？ ⑧生け花を習いたいんですが、いい先生を紹介していただけませんか。 ⑨わたしは日本語が少し話せます。 ⑩台風9号は東京へ来るかどうか、まだわかりません。

表现形式		实例
	句式层面	⑪ ちょっと切符を買って来ます。 ⑫ 天気予報によると、あしたは寒くなるそうです。 ⑬ 意向形＋とおもっています 　将来自分の会社を作ろうと思っています。 ⑭ ほうがいいです。 　毎日運動したほうがいいです。 ⑮ 普通形＋そうです 　天気予報によると、あしたは寒くなるそうです。 ⑯ でしょう 　あしたは雪が降るでしょう。 ⑰ かもしれません 　彼は会社をやめるかもしれません。 ⑱ かどうか 　忘年会に出席で切るかどうか、返事をください。 ⑲ ようです 　隣の部屋にだれかいるようです。 ⑳ そうです 　今にも雨が降りそうです。
非语言表现形式		省略等

5.1.1.2　按语体分类

《大家》基本都是会话文，无语体之分。《综合》（第一、二册）第 3 单元为「读解文」（阅读文），读解部分或多或少也存在一些模糊限制语，因此可将《综合》（第一、二册）中出现的模糊限制语按语体加以分类，即：可出现在谈话中、可出现在文章中、既可出现在谈话又可出现在文章中的模糊限制语等 3 大类（表 5-3）。

表5-3　按语体分类（《综合》）

语体	实例
谈话	か、ね、ちょっと、まあ、あのう、だいたい、が、少し、ねえ、ほとんど、とか、ごろ（頃）、ぐらい（くらい）、さあ、さ、でも、でしょう、（と）言う、…（省略）、わね、よね、なかなか、ほう（方）、けど、関係、ね、とか、（と）思う、たぶん（多分）、だろう、かどうか、たいてい（大抵）、〜たり、〜たりする、なあ、かもしれません、かなり、最近、よかったら、と聞く、だいぶ（大分）、かしら、だろ、かな、じゃないの、と言う（って言う）、わね、〜そうだ、かなあ、なあ、〜みたいだ、〜ようだ、感じ、このごろ、って、さあ、な、もし、によると、かも、〜のではないか（と思う）、考える、感じる、らしい、けれど、ころ（頃）、分からなくて、ような気がする、けっこう、じゃない？　あのね、わね、何だか（なんだか）、やっぱり、と言われている、やはり、んじゃないでしょうか、なんとなく、よろしかったら、と言われた、わからない
文章	約、だいたい、ぐらい（くらい）、少し、大多数、このように、（と）言う、最近、ね、かどうか、わかりません、（と）思う、ほど、たいてい（大抵）、〜たりする、感じる、かもしれない、考える、ほう（方）、だろう、わからない、が、個人的に、けど、だいぶ（大分）、かな、と思う、はっきりわかっていませんが、ごろ（頃）、〜ようだ、〜そうだ、でしょう、このような、と考えられる、（と）考える、なかなか、けっこう、もう少し、のではないか、（と）言われる、かどうか、もし、（と）聞かれる、個人的な、のではないだろうか、かわからなかった、よくわからない、な、とか、なんか、一応、ような気がする、んじゃないでしょうか、と感じている、感じられる、（と）聞かれる、けれども、ころ（頃）、〜たり、のではないか、だろうか
两者（谈话、文章）皆可	ね、だいたい、が、少し、とか、ごろ（頃）、ぐらい（くらい）、でしょう、（と）言う、なかなか、ほう（方）、けど、（と）思う、だろう、かどうか、たいてい（大抵）、〜たり、〜たりする、かもしれません、最近、と聞く、だいぶ（大分）、かな、と言う、〜そうだ、〜ようだ、な、もし、〜のではないか、考える、感じる、ころ（頃）、ような気がする、けっこう、と言われる（た）、わからない

　　以上，经调查统计发现，诸如「ね」、「ちょっと」、「まあ」等众多模糊限制语分布于教材的会话文与读解文中。通过对比发现，《综合》（第一、

二册）中出现的模糊限制语比《大家》（第一、二册）要多。据调查，目前各类日语教材尚未将模糊限制语作为一个语法点列举出来。下节将探讨作为日语学习者应该如何学习和掌握日常会话中频率出现的模糊限制语。

5.1.2　模糊限制语的习得

模糊限制语不能脱离谈话和交际。首先，需要从交际角度对模糊限制语进行把握。模糊限制语在交际中发挥着回避责任或缓和话语态度的功能。其次，掌握具体场景下经常出现的模糊限制语，比如拒绝场景［例（5）］。

（5）（又转了一圈）

　王：漢方薬はどうですか。　　　　　　　　（加藤指着小王身边的中药问）

加藤：それは何ですか。

　王：栄養剤です。100％天然成分でできています。しかの角やへびの皮から作ります。

加藤：ええ、それは<u>ちょっと</u>…。中国茶にします。

（《综合》第 11 课 unit1）

小王带着加藤在商店买礼物，小王向加藤介绍「漢方薬」的功效和成分，但加藤用「ちょっと」和「省略」委婉地表达了自己的拒绝之意。在谈话中，为了不让自己的话语给听话人留下强硬印象，促进谈话的顺利展开，维护人际关系，使用了「ちょっと」和「省略」等模糊限制语。通过使用模糊限制语，缓和话语态度，弱化语气，将自己的想法等委婉的传达给听话人。再如对某人或某事进行评价时，比如开头所举的例（2）。小王问大家是否有演戏经验，山田说自己没有并问大家高桥怎么样。小王未断定高桥具有演戏的经验，而是在回答时使用了「たぶん」「だろう」「と思います」等模糊限制语，为自己留有一定的余地。

（2）……

山田：わたしもありません。高橋さんはどう<u>でしょう</u>。

　王：<u>たぶん</u>、したことが<u>あるだろうと思います</u>よ。演劇学科志望で
すから。　　　　　　　　　　（《综合》（第一册）第 15 课 unit1）

例（4）也是如此。松本说最近日本队强大了，「サントス」对于松本
的这一看法，并未直接肯定地表示赞同，而是通过使用「思います」委婉
地表达了自己与松本的意见一致，但同时通过附加「が」及「省略」，又为
自己的话语留有一定的余地。

（4）……

サントス：もちろんブラジルですよ。

　松本：でも、<u>最近</u>日本も強くなりましたよ。

サントス：ええ、わたしもそう<u>思いますが</u>、……。

　　　　　　　　　　　　　　　　　　　　（《大家》第 21 课）

第三，掌握并运用与模糊限制语有关的句式。以《综合》和《大家》
为例，教材中出现了很多含有模糊限制语的句式（参看表（1）和表（2）
中的"句式层面"部分）。

（ア）表示建议。比如「～たほうがいい」等。

（6）王：大丈夫ですよ。国家図書館はわかりますね。国家図書館を過
　　　　ぎると、左に首都図書館が見えます。そこの入り口で 6 時に。

　高橋：はい、わかりました。

　　王：あ、それから、携帯電話を持って行った<u>ほう</u>がいいですよ。
　　　　それと。夜は寒くなるので、コートを着て行った<u>ほう</u>がいい
　　　　ですよ。　　　　　　（《综合》（第二册）第 17 课 unit2）

（イ）表达自己的看法或判断。比如「と思う」「でしょう」「かもしれ
　　ません」等。

（7）李：そうですか。じゃあ、席で会える<u>と思います</u>よ。会場に入り
　　　　ましょう。

　　高橋：そうですね。王さん、どうしたん<u>でしょう</u>。どこかで事故に
　　　　あったの<u>かもしれません</u>ね。

（《综合》（第二册）第 17 课 unit2）

（ウ）表示并列或举例。比如「～とか～とか」、「～たり～たりする」等。

（8）王：お芝居や音楽って、例えばどんなものですか。

　　高橋：歌舞伎<u>とか</u>バレエ<u>とか</u>オペラ<u>とか</u>…。京劇にもそのときに出
　　　　合いました。　　　　　　（《综合》（第一册）第 14 课 unit2）

（9）山田：そうですか。じゃあ、王さんのお父さんもやさしい顔をしてい
　　　　　るんですね。それで、王さんのお宅でどんなことをしたんですか。

　　高橋：みんなで掃除し<u>たり</u>特別な料理を作っ<u>たり</u>して、春節の準
　　　　備をしたんです。王さんのお宅ではお父さんが料理を作る
　　　　んですよ。　　　　　　（《综合》（第二册）第 16 课 unit2）

如上述例（6）～（9），将模糊限制语融入到实际场景，易于学习者的习得。

5.1.3　小结

　　人们在日常谈话中频繁使用模糊限制语，模糊限制语在谈话中是不可或
缺的存在。目前，模糊限制语尚未作为一个语法点在日语教材中单列出来。
本节通过对《综合》（第一、二册）和《大家》（第一、二册）的调查分析发现，
在初级教材的会话文和读解文中存在不少模糊限制语，并按表现形式和出现
在何种语体对其进行了分类。在此基础上，对学习者如何习得这些模糊限制
语提出了一定的解决方案，希望能对今后的日语教学提供一定的启示和参考。

5.2 日本电视广告语言中的模糊限制语

5.2.1 电视广告与广告语言

在日本，广告一词最早出现在 1867 年的《万国新闻纸》上。山口仲美（2001）将广告表现分为报纸、广播和电视三种。本研究主要考察电视广告。龟井昭宏·疋田聪（2005）指出，广告语言（「広告のことば」）包括"广告活动"（「広告活動（Advertising）」）和"广告表现"（「広告表现（Advertisement）」）。其中，广告表现同广告媒体、广告管理一样，被视为构成广告活动的重要要素。学术研究的对象一般指广告表现中用语言表现出来的部分，本研究也沿袭这一观点。

图 5-2 日本松下公司生产的数码相机"LUMIX GF3"的广告截屏 ❶

---

❶ 图片来自百度。

（10）この空の下、小さな小さな一眼、幸せを探そう、幸せを撮ろう。
　　　タッチするたび、美しく、僕のマイクロ一眼。よっしゃー！ 世
　　　界最小 ルミックス GF3 ちゃん え？ Panasonic ideas for life。

　　例（10）是图5-2广告使用的语言，共75个字节，本研究搜集了200
则日本电视广告，并将这些广告中的语言全部记录下来。其映像资料主要
从 "youku" "tudou" 等国内视频网站下载。经统计分析发现，该200则电
视广告语言中存在不少模糊限制语。例（11）是 "任天堂3DS游戏 塞尔达
传说时之笛3D"（「ニンテンドー 3DS　ゼルダの伝説　時のオカリナ 3D」）
广告中的语言。

（11）違う<u>かもしれないけど</u>、やってみよ。こんなとこない<u>かもしれ</u>
　　　<u>ないけど</u>、行ってみよ<u>とか</u>。そういう<u>なんか</u>自分の勇気とそし
　　　ていろいろ試行錯誤してみようという、脳の柔らかさが試され
　　　る。難しい謎解きがあって、そう一個ずつの謎を解いて、まさ
　　　かこんなところにこれを置くわけないよな。うん、スイッチあっ
　　　た、きた！頭いい私<u>みたい</u>なその、何でもやってみないと<u>分か</u>
　　　<u>んない</u>っていうことがあるんだ<u>な</u>っていうのを教わりました<u>ね</u>。
　　　ゼルダの伝説　時のオカリナ 3D。

　　在该广告中,画线部分「かもしれない」、「けど」、「とか」、「なんか」、「み
たい」、「分かんない」、「な」、「ね」等属于日语模糊限制语。其中，「かも
しれない」、「けど」分别出现了2次。广告语言中出现的诸如「かもしれ
ない」、「けど」等模糊限制语，其出现种类、使用次数呈现何种特征，在
广告中发挥何种功能、含模糊限制语与不含模糊限制语的广告有何区别等，
本节将对这一系列问题展开探讨。

5.2.2 考察和结果

5.2.2.1 电视广告种类

首先,按行业●将搜集到的200则日本电视广告分为「電子・電気」、「自動車」、「食品」、「企業・公共」等20类（表5-4）。

表5-4　电视广告的分类（按行业）

1	2	3	4	5	6	7	8	9	10
電子・電気	自動車	食品	菓子	ドリンク	アルコール	医療・健康	化粧品	生活雑貨	住設・用品
36	12	27	7	8	8	4	9	9	2

11	12	13	14	15	16	17	18		
衣料	娯楽・興行	マスコミ・教育	流通・販売	通信・サービス	住宅・建設	金融	企業・公共	合計	
4	5	3	3	11	7	17	28	200	

5.2.2.2 广告与模糊限制语

按广告种类、广告语言的类型、模糊限制语的有无、模糊限制语的出现情况及模糊限制语的使用次数对每条广告进行了统计（表5-5）。

"类型"主要包括①会话；②广告代言人的台词；③旁白；④会话＋广

● 参考嶺田明美・長澤耀世（2012）。

❷ 参看表5-4。

❸ 统计时,不少日本人给予了协助,并帮助核查了统计结果。「よね」、「わね」、「わよね」、「かね」等中的「ね」不作为本研究的考察对象。

告代言人的台词；⑤会话＋旁白；⑥广告代言人的台词＋旁白；⑦会话＋
旁白＋广告代言人的台词；⑧歌曲❶；⑨旁白＋歌曲＋广告代言人的台词
等。例（3）中斜体部分为会话，方框内为广告代言人的台词，灰色部分
为旁白。

表5-5　电视广告与模糊限制语（例示）

种类❶	类型	模糊限制语的有无❷	出现情况	使用次数
2.自動車	会话＋旁白	有	なんか、～たりする、ね類、思う類	4
5.ドリンク	旁白	无	—	—
15.通信·サービス	会话＋广告代言人的台词＋旁白	有	ね類、けど類、思う類	3
16.住宅·建設	会话	有	思う類、けど類、やはり類、ね類、頃、かもしれない類	7

（12）なにこれ？ かわいい！ 色いいよね！ はじめまして。新し
いスマートフォンです。スマートフォンなの？ こんなにちっちゃく
て？ わたし、片手でいいんです。ホントだ！*親指でいけるし！*つぶや
いてもらえますか？ すっごくやりやすいんです*けど*。女の人ってもっ
とつぶやくべきだ*と思う*んです。そうだよね。ネイルなう。えー！ど
うですか、わたし？つぶやきやすい*ね*。よかった。かわいいー！ 女子
のためのドコモスマートフォン　Xperia ray　docomo（15. 通信·サー
ビス）。

---

❶　其中有一则美国的 AFLAC 保险公司在日本的宣传广告，其语言为歌曲。即猫も、あひるも、
皆一緒に、さぁ、まねきねこダック、こども体操。体を動かそう、心を動かそう、さぁ、まね
きねこダック、こども体操。123、223、323、423、ららら猫も、あひるも、皆一緒に、さぁ、
まねきねこダック、こども体操。体を動かそう、心を動かそう、さぁ、まねきねこダック、こど
も体操。

　　会话指广告中出现人物（包括广告代言人）之间的对话。广告代言人的台词特指广告代言人在广告中面向广告受众所说的话语。如例（12）中斜体部分「はじめまして。新しいスマートフォンです。」为代言人与他人的对话，而"Xperia ray"是代言人面向受众所说的话语。旁白指广告中代言人以外的人面向受众所说的话语。模糊限制语的出现情况主要指其出现种类，比如「あのう」类、「けど」类、「思う」类、「まあ」类、「もし」类等，详见 5.2.2.3。

5.2.2.3　模糊限制语的种类与使用次数

　　据统计，200 则电视广告中出现了「ね類」「なあ類」「かな類」「って」「わからないけど」「気がする類」等 44 种模糊限制语 ❶，总使用次数为 322次。其中「ね類」的使用次数最多，为 68 次，其次为「なあ類」、「かな類」等。使用次数位居前十的模糊限制语如下图（图 5-3）。

---

　❶　参看李凝（2014）。其中的 16 种模糊限制语如下。
　　「あのう」类包含「あのう」「あの」「あのー」等。
　　「けど」类包含「けど」「けども」「けれど」「けれども」等。
　　「思う」类包含「思う」「思います」「思った」「思います」等。
　　「まあ」类包含「まあ」「ま」「まー」等。
　　「もし」类包含「もし」「もしも」「もしかして」「もしかしたら」等。
　　「かな」类包含「かな」「かなあ」等。
　　「よかったら」类包含「よかったら」「よろしかったら」「よろしければ」等。
　　「じゃない」类包含「じゃないか」「ではないでしょうか」「じゃん」「じゃないの」「じゃないかしら」「じゃないですか」「じゃないすか」等。
　　「かもしれない」类包含「かもしれない」「かもしれません」「かも」等。
　　「ようだ」类包含「ようだ」「ようで」「ような」等。
　　「みたいだ」类包含「みたいだ」「みたいな」等。
　　「ね」类包含「ね」「ねえ」「ねー」等。
　　「なあ」类包含「な」「なあ」「なー」等。
　　「っていうか」类包含「っていうか」「〜というのか」等。
　　「やはり」类包含「やはり」「やっぱり」等。
　　「聞く」类包含「聞く」「聞いた」「聞きました」等。

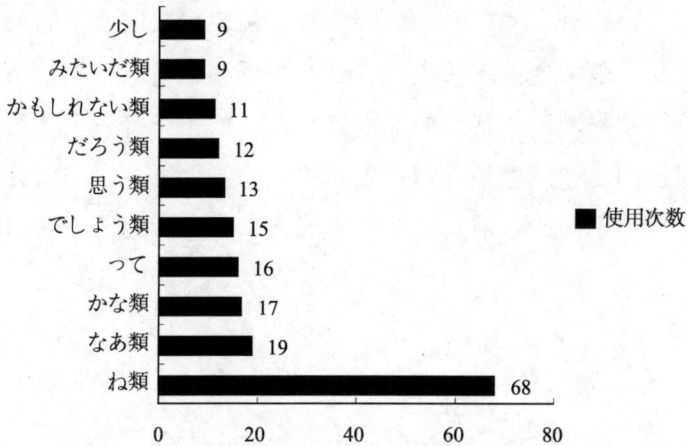

图 5-3 电视广告中模糊限制语的种类与使用次数（前十位）

5.2.2.4 模糊限制语在广告语言中发挥的作用

（13）なに着てこっか*な*。デートですもん*ね*！こんな*感じ*どうです？
派手すぎ*でしょ*！ この*くらい*やってやっとチャラです*って*。眉
毛どうします？ 女は眉*よね*！ こんなのどうですか？ ぶち壊
したいの。わたし緊張すると*かむんだよね*。じゃあ練習しましょ
う。初めまして、結婚してください。*38点*。初めまして、結婚
してください。 大丈夫*かな*。大丈夫ですよ。あなたはあなた*ら
しくね*。そうだよね。walk with you ドコモ スマートフォン
docomo。

例（13）是 docomo 女用智能手机的一则广告的语言，属于"会话＋
广告代言的台词＋旁白"类型，斜体部分为对话。主要讲述了将要去约会
的女孩与广告代言人用手机试衣服、妆容及与约会对象的对话，显示了
docomo 女用智能手机的功能。在会话中通过使用「かな」、「ね」、「感じ」、「で

しょ」、「くらい」、「って」、「らしい」等 7 种模糊限制语，即采用回避断言的表达方式，既可避免听话人对自己产生反感，又能达到发话目的。通过使用这些模糊限制语，其目的并不是将自己的主张弄得模棱两可，而是有效地将自己的主张或意见等传递给对方，委婉地表达"去约会女孩"的犹豫不定、忐忑不安的心情，以及广告代言人在身旁为其鼓劲加油、出谋划策。

（14）新しい町で暮らし始めた。生き方を変える？うん、二人とも遊び来てよ！新しい町には出会いなんかもあったりする。格好いいね！あ。車。ああ、そっか、何だ。あ、でもエコカーに換えかよと思って。と言っても、エコカーって結構高いんだよな。ダイハツが第 3 のエコカーを発表しました。第 3 のエコカーを選びませんか。はい！ ダイハツから。

例（14）是大发（Daihatsu）汽车的一则广告的语言，属于"会话＋旁白"类型，斜体部分为对话。主要讲述了广告代言人为改变生活方式而来到新的小镇开始新生活，并在停车场有了新的相遇。会话中出现了「なんか」、「～たりする」、「と思って」等 3 种模糊限制语。同例（13）一样，会话双方采用回避断定的表达方式，将自己的主张（即「新しい町には出会いもある」、「格好いい」、「でもエコカーに換えかよ」）委婉地传达给了对方。

（15）ごめん、ほかに好きなパスタができた。気付いてたかもしれないけど、新しくなった SPA 王。あ、今片付ける。取り乱さないで。あなたが茹でるのより、うまいの。日清 SPA 王 大好き。

例（15）是日清 SPA 王意大利面的一则广告的语言，属于"广告代言

人的台词"类型。主要描述了找到好吃意大利面的广告代言人和她的煮面锅分手的故事。代言人的台词中出现了「かもしれない」「けど」等模糊限制语。其中,「かもしれません」一般放在话语的末尾,说明有这种可能性,无法断言。同时附以「けど」,是为了给予对方(即煮面锅)否定的空间。

（16）チキンを焼いた。<u>正確に言うと</u>、チキンを焼くことしかしていない。そうは見えない。このソースは料理だ。赤いタルタルと白いタルタル。キユーピー 具のソース。エビを茹でた。<u>正確に言うと</u>、エビを茹でることしかしていない。そうは見えない。このソースは料理だ。白いタルタルと赤いタルタル。キユーピー 具のソース。

例（16）是丘比特沙拉酱一则广告的语言,属于"广告代言人的台词"类型。主要讲述了沙拉不仅给料理增色、增味,其本身就是一道美味的料理。代言人的台词中出现了「正確に言うと」这一模糊限制语。「正確に言うと」表示代言人对接下来的话语加以限定,试图使接下来的表述内容尽量正确,有利于话语的展开,同时也说明了代言人对产品的信赖和自信。事后即使有人对表述内容产生异议,说话人也无需负责或只需承担一定责任。也就是说,「正確に言うと」是一种逃避责任的语言手段。

综上所述,模糊限制语在广告中主要发挥了以下功能。

A. 回避断言。委婉有效地将自己的主张或意见等传递给对方或听众。比如,「かな」、「ね」、「感じ」等。

B. 回避责任。无需负责或只需承担一定责任。比如,「正確に言うと」等。

5.2.2.5 模糊限制语有无的区别

据统计,200则电视广告中,122则含模糊限制语。通过对例（13）~（16）

的分析发现，含模糊限制语的广告在表达主题、宣传产品时一般给人的感觉较为柔和，没有很直接地将产品及产品的优点等表述出来。使用模糊限制语的人一般给对方或受众留有思考的空间或余地。

（17）ツバキにもっと天然の力を。一つ一つ手摘みされる、ツバキの実から、一番搾りだけを、それはツバキオイルの純度を守るため。髪は天然のツヤへ　天然のツバキオイルを配合しています。新しくなったツバキです。

（18）この空気を、

　　　この匂いを、

　　　この光を、

　　　どうか、忘れませんように。

　　　私はPENと生きている。NEW OLYMPUS PEN Lite。

（19）より美しく。より速く。より力強く。より快適に。ここまで進化した、ハイスペックスマートフォン　Android　au　REGZA　デビュー。

　　例（17）~（19）分别是资生堂TIBAKI洗发水、奥林巴斯PEN系列相机、富士通手机的广告，3则广告均不含模糊限制语，给人的印象是较为直接、鲜明地将产品及产品的特点呈现在了受众面前，使人看后一目了然。

5.2.3　小结

　　本节以200则日本电视广告中的模糊限制语为对象，考察了日语模糊限制语在广告媒体中的出现种类和使用情况、在广告中发挥的作用及模糊限制语的有无对广告产生的影响。今后将以中文电视广告的模糊限制语为对象展开对比研究。

5.3　日语报纸新闻标题中的模糊限制语

　　报纸新闻标题（「新聞の見出し」）简明扼要、生动醒目，以最明确简洁的语言将报道概括出来，读者由新闻标题可推测报道的内容，然后选择想要阅读的报道。报纸新闻标题具备：区别报道和报道（即「記事と記事を分ける」）、概况介绍正文（「本文の内容を要約·紹介する」）、报道的重要性主要由新闻标题的大小决定（「記事の重要性を，おもにその大きさによって示す」）、诱导读者阅读报纸新闻报道（即「読者が記事を読む気になるように誘う」）等4种功能（野口崇子，2002）。野口崇子（2002）指出，日文报纸新闻标题多为名词结句和助词结句，省略谓语部分，同时谓语部分的省略造成时态和语气的非明示化。此外，有的标题也使用一些套话（「決まり文句」）。

　　经调查发现，日文报纸新闻标题除了具有以上特点外，还含有模糊限制语［例（20）~（22）］。

（20）Do！コンポ No.656　ギャグ不発の時も「寒い」　辞書に載る<u>かも</u>

　　　　　　　　　　　　　　　　　　（1997/03/25　読売新聞 夕）

（21）明るい悩み相談室　「々」の読み方知りたがる父　<u>とりあえず</u>
　　　　「クローン」と<u>でも</u>　お答え　　　（1990/07/01 朝日新聞 朝）

（22）子どもの読書と導き方　マンガから別の本へ　五、六年生の生活は　<u>ちょっと</u>忙しすぎます　　　（1960/05/02 読売新聞 朝）

　　日语模糊限制语多存在于会话中，Reiko.Itani（1996）、入戸野みはる（2003、2004、2007、2008）等也多以会话中的模糊限制语为对象。作为

典型书面语的报纸新闻标题中的模糊限制语，其使用呈现何种特征、起着何种功能、含模糊限制语与不含模糊限制语的标题有何区别等，本研究以国立国语研究所所藏《切拔集》中收录的报纸报道的标题（1949 年至 2009 年 3 月）为数据，拟对这一系列问题展开探讨。

5.3.1 标题中模糊限制语的出现情况和功能

5.3.1.1 模糊限制语的出现情况

本节以第一章表 1–2 中的模糊限制语为检索词，在国立国语研究所所藏《切拔集》中收录的报纸报道标题数据库❶中进行检索发现，会话中常用的「そのう」、「うまくいえないが」、「大ざっぱに言って」、「大まかに言えば」、「簡単に言うと」、「簡単に言えば」、「厳密に言えば（厳密に言うと）」、「ごもっともだが」、「正確には言えないが」、「正確に言えば」、「こんなこと言うのなんだけど」、「（〜の）話によると」、「はっきりとはわからないけど」、「僕の知っている限り」、「よくわかんないけど」、「か言って」、「というふうな」、「とか思って」、「なんちゅうの」、「何ていうの」、「ふうに」、「よかったら」等未出现在新闻标题中，「あのう」、「いまいち」、「かね」❷等虽有出现，但多以词语的形式。其他诸如「あたり」「おそらく」「だろう（だろ）」「〜たり」等使用频率不同，但均有出现。

---

❶ 即「ことばに関する新聞記事見出しデータベース」。

❷ 比如，经检索发现，含有「あの一（あのう）」的新闻标题有 5 个，其中 3 个以词汇形式出现，具体为：

①「先生のログセ」特集　えー、この一、あの一　その一、えー、あの一（1978/11/19 くりくり 朝）、②好きなことば　よく言うわ　きらいな言葉　あのう（1983/02/05 サンケイ 夕）、③薩摩っぽう老人日記（12）続言葉の風俗 そうすね　やっぱり あのう（1987/03/18 西日本新聞 夕）。

原則上看，这 3 个标题中的「あの一（あのう）」不能视为标题中的模糊限制语。「いまいち」也是如此，共检索出 4 个，其中 3 个以词语形式出现，分别为：①流行語（はやりことば）いまいち（1980/03/23 毎日新聞 朝）、②いまいち　とか　ファジー　全面改訂ノッてます　広辞苑第 4版、11 月に（1991/09/04 朝日新聞 朝）、③「広辞苑」8 年ぶり改訂 「いまいち」「バブル」「ＭＭＣ」などの新語登場（1991/09/04 毎日新聞朝）。

5.3.1.2　模糊限制语的功能

（23）「小学生の携帯」悩む親　防犯に効果…出会い系は心配　持た
せる<u>かどうか</u>　通学時間、年齢…　事情に応じ判断

（2006/01/25 読売新聞 朝）

（24）福田首相　「田舎の校長先生」キャラで<u>いいじゃないか</u>

（2007/09/29 毎日新聞 夕）

（25）ことばと演劇　人称代名詞ⅠとYOUをめぐって　日本的呪縛
どう解く　西洋<u>っぽい</u>芝居の歪み　（1973/08/03 読売新聞 夕）

（26）「あいさつ」って、難し<u>いかなあ</u>　（1982/01/31 読売新聞 朝）

（27）当用漢字を「東洋」「登用」などと<u>書いたりする</u>就職試験

（1953/11/02 日本読書新聞 朝）

（28）「空前絶後」の<u>ような</u>漢語の意味がわからぬ早大の受験生

（1962/04/01 中部日本新聞 朝）

（29）どこかで<u>聞いた</u>ような…　アサヒが新商品「スーパーモルト」
サントリーへ意趣返し！？　（1999/12/08 読売新聞 朝）

　　例（23）～（29）为报纸新闻标题,其中画线部分「かどうか」、「じゃ
ないか」、「っぽい」、「かなあ」、「～たりする」、「ような」、「聞いた」
为模糊限制语。在例（23）中，通过「かどうか」的使用，对于是否让小
学生持有手机有犹豫和疑惑之意。例（24）通过使用「じゃないか」，避
开了断言,委婉地表达了「いい」之意。例（26）的「かなあ」也是如此。
例（25）中的「西洋っぽい」指具有较强西洋风格倾向,并未直接断言是
"西洋"。例（27）、例（28）标题中的「書いたりする」、「ような」指举
出一例,用以说明就业考试（「就職試験」）及不了解汉语意思（「漢語の
意味がわからぬ」）。例（29）中的「聞いた」说明信息来源不是直接来自
作者，而是从某处获取。由以上分析可见，「かどうか」等模糊限制语在

新闻标题中的使用，避开了对某个事件或事物的直接断定，委婉地将作者的看法或观点传达给读者。同时，若事后需承担责任，由于作者使用了模糊限制语（比如「かどうか」「聞いた」等），也能在一定程度上回避责任。因此，在报纸新闻标题中，模糊限制语承担着"委婉地表达看法或观点"及"回避责任"的功能。

5.3.2　模糊限制语的有无对标题所传达内容的影响

以上例（20）~（29）为含有模糊限制语的报纸新闻标题。由于模糊限制语的存在，这些标题在一定程度上避开了断言，语气显得委婉一些。例（30）~（34）为不含模糊限制语的标题。这些标题简明扼要、意思明确、表达直接，能使人一目了然。因此可以说，模糊限制语的存在与否不影响标题内容的传达，但会在一定程度上影响表达的语气。

（30）メディアを読む　サイバー　ネット図書館の「諸行無常」

（2003/08/19　毎日新聞　朝）

（31）トレンド時評　押しが強くてイヤな言葉

（1992/12/02　毎日新聞　朝）

（32）母と子の対話　　　　　（1967/03/07　読売新聞朝）

（33）全国またに方言を捜す　「がんばんべぇー」は新グロモントのＣＭ

（1976/07/18　読売新聞　朝）

（34）「博報賞」に輝く井沼敏子さん　きれいな日本語を子供に

（1982/11/27　サンケイ　朝）

5.3.3　模糊限制语与报纸新闻标题的口语化

（35）ハハ、ノンキだね　　　　　　　　（1952/06/27　東京新聞　朝）

（36）親子対談　文字について　横書きが能率的だ　毛筆履歴書も意味ないね　　　　　　　　　　（1956/10/09　東京新聞　朝）

（37）田中さんたち、読むかな？　姓名本出番失う　ちょっと手に取りにくいとか　ほとぼり冷めるまで出版延期（1976/09/05　東京新聞　朝）

（38）お茶の間ノンセクション　漢字読み書き　さああなたは何点かな？　「大望」よりも「偏差値」？(1976/09/05　読売新聞　朝)

（39）黒人スター苦闘セリフは日本語　10ヵ月かけて猛特訓　トニー賞ミュージカル「ビッグ・リバー」日本版　英語の「Ｉ」が、私、僕、俺だから難しかったけど「苦しみたくさん喜びたくさん」だったなあ」　　　　　　　　　　　（1988/02/29 東京新聞 朝）

（40）Do！コンポ　No.1012　TALKing　あなたはどっち？　直筆派？メール派？　気軽で便利！メール　会話するみたい

　　　　　　　　　　　　　　　　　　（2004/09/10 読売新聞 夕）

　　例（35）~（40）中画线部分为模糊限制语。「かな」「ちょっと」「とか」「けど」「なあ」「みたい」等多出现在口语中。从20世纪50年代到21世纪初，报纸新闻标题中均出现了模糊限制语。也就是说，模糊限制语在标题中的出现与否和报纸发行年代无关。「かな」「ちょっと」等模糊限制语的使用是报纸新闻标题口语化的一个标志。

5.3.4　小结

本节以日本国立国语研究所所藏《切拔集》中收录的报纸新闻标题（1949 年至 2009 年 3 月）为数据，以标题中出现的模糊限制语为研究对象，对其呈现的特征、发挥的功能以及模糊限制语的存在与否对标题所传达的内容带来何种影响等进行了论述和考察。今后将对模糊限制语的出现与报纸种类等有何关联等展开探讨。

5.4　本章小结

本章以面向日语学习者的初级教材、日文广告及新闻标题中的模糊限制语为研究对象，在一定程度上对模糊限制语在具体领域中的应用情况进行了分析和考察。由于数据有限，今后仍需进一步深入研究。

第6章

结　论

首先，对于何谓日语模糊限制语，众说纷纭，尚未有定论。第一章沿袭李凝（2014）的观点，从话语分析角度将日语模糊限制语定义为：模糊限制语是说话人在会话交际中为了回避责任或缓和话语态度而使用的表达方式，并举例加以印证。同时比较英汉日模糊限制语定义的异同。

不同学者对日语模糊限制语功能的把握也不尽相同。第二章在前人研究的基础上，认为缓和话语态度（「発話態度の緩和」）和回避责任（「責任の回避」）是日语模糊限制语的两大交际功能，考察了会话交际中的"使用前提"与日语模糊限制语的交际功能之间的关联。通过分析和考察发现，说话人对信息把握程度大，确信度高，可以断言，但无需对自己的话语程度负责任时；说话人对信息把握程度不大，确信度低，无法断言，且无需对自己的话语承担责任时，会话中的模糊限制语通过缓和话语态度，可以将说话人的主张等更委婉更有效地传达给听话人。即此时会话中的模糊限制语通常发挥着缓和话语态度的功能。同样地，当说话人对信息把握程度不大，确信度低，无法断言，但有必要对自己的话语承担责任时；说话人对信息把握程度大，确信度高，可以断言，且有必要对自己的话语承担责任时，在会话中通过模糊限制语的使用，并非将自己的主张或看法等弄得含糊不清，而是为了使之明确表达出来，即使以后事实与说话人的主张、判断等有偏差，也可在一定程度上回避或减轻责任。即此时会话中的模糊限制语发挥着回避责任的功能。也就是说，"使用前提"不同，日语

模糊限制语所发挥的功能也不尽相同。无论说话人对信息的把握程度如何，无需对话语承担责任时，会话中的模糊限制语通常起着缓和话语态度的作用；反之若需要对话语承担责任，模糊限制语则发挥着回避责任的功能。同时，对汉语模糊限制语在谈话中的使用情况及交际功能、儿童会话中日语模糊限制语的使用情况等进行了分析和考察。

如前所述，以往国内外的研究大都仅把英语作为考察对象，而很少有人从对比语言学角度进行深入探讨，尤其是关于汉日模糊限制语的研究更少。第三章通过实例验证分析汉日模糊限制语的分类异同，日汉模糊限制语各自在谈话中的功能和特征的异同，并在一定程度上对造成该差异的原因进行了考察。本章通过从表现形式、在话语中的出现位置及语用视角三方面对日汉模糊限制语的分类考察发现，日汉模糊限制语存在一些共同特征，也有一些不同之处。以汉语为基准，对日汉模糊限制语的异同分析归纳如下。

①在某些汉语词后加上"般、乎乎、溜溜、巴巴、兮兮、点儿等"可构成汉语模糊限制语。比如，胖乎乎、圆溜溜等。在某些日语词语后面加上「系（けい）」、「的」、「ぽい」等可构成日语模糊限制语，如「さわやか系」、「黒っぽい」等。

②汉语中还存在"产生于某些特殊的语法结构而临时充当模糊限制语的词或词组"，即临时模糊限制语。日语中也存在此类模糊限制语，如「あほう（阿呆）」等。

③汉语中有一些颇具中国文化特色的模糊限制语，如研究研究、试试看、再说吧等。日语中也存在此类模糊限制语，如「ちょっと様子をみてから考えよう」等。

④汉语中还存在一些四字成语，可被视为模糊限制语。日语中也存在此类模糊限制语，如「三々五々」等。

⑤有些模糊限制语兼具一种及以上词性，如"比较"可作名词、形容

词、副词。有些词虽具有多种词性，但只在一种词性下，才可被称为模糊限制语。日语中也存在此类模糊限制语，如「ちょっと」可作副词和感叹词。只有在作为副词时，才可被称为模糊限制语。

⑥在汉语中，从语用视角进行分类时，"据我所知""可能"被划分为直接缓和型模糊限制语，而"据他（她）所知"，"他（她）说可能"中的"可能"等是否属于间接缓和型模糊限制语鲜少涉及。在日语中，从语用视角进行分类时，一些表现形式可被划入直接缓和型或间接缓和型模糊限制语。如「（～）の知っている限り」、「かもしれない」等。

以上为二者的共同特征，不同之处在于：在汉语中，"很""非常""我相信"等属于模糊限制语。在日语中，「とても」、「大変」、「非常に」、「～と私は信じている」等未被纳入模糊限制语范畴。

日本人在谈话中，为避免直接表达自己对事物的观点或看法，或避免断言等，多用「ようだ」、「ね」、「かな」、「かも」等模糊限制语，而中国人的这种意识并不强。同时，由汉日模糊限制语的"不同点"也可看出，"hedge"一词传入日本后，其外延发生了变化。"very"（很、非常）、"I believe"（我相信）等这些加强话语语气的词在英语、汉语中被称为模糊限制语。而在日语中，「とても」、「～と信じている」却并未被纳入模糊限制语的范畴；相反地，「少し」、「かもしれない」等缓和语气的词被看作了模糊限制语。因此日汉模糊限制语并非一一对应关系。

第四章通过实例分析，对日语模糊限制语与合作原则、关联理论及信息界域理论关系展开了论述。经考察有如下发现。

①在会话中使用模糊限制语，看似违背了数量原则、质量原则、关系准则、方式准则，实则遵循了这些原则。同时通过使用「ちょっと」等模糊限制语，暗示说话人未向对方提供确切的信息，违背了合作原

则，产生了会话含义。

②从斯珀伯和威尔逊（Sperber-Wilson）提出的关联理论出发，通过对拒绝表现的4种类型的分析可见，在语境效果相同的前提下，说话人的话语中模糊限制语越多，显得说话人的话语越不直接，听话人理解处理话语时所需的劳力越大，话语的关联性越小。反之则相反，即在语境效果相同的前提下，说话人的话语中模糊限制语越少（包含不含模糊限制语的情况），显得说话人的话语越直接，听话人理解处理话语时所需的劳力越小，话语的关联性越大。

③运用神尾昭雄（1990、2002）提出的信息界域理论对日语模糊限制语进行了分析和探讨。经考察发现，当信息在说话人界域内，说话人虽能够对话语内容加以断言，但说话人为避开断言，缓和话语态度、回避对自己的话语所承担的责任时会使用模糊限制语；另外，当信息在说话人的界域外，即说话人对话语内容无法进行断言的可能性较高时，为回避责任等也会使用模糊限制语。

第五章考察了日语模糊限制语在具体领域诸如日语教材、日文广告、新闻标题等的应用情况。具体如下。

①通过对《综合》（第一、二册）和《大家》（第一、二册）的调查分析发现，在初级教材的会话文和读解文中存在不少模糊限制语，并按表现形式和出现在何种语体对其进行了分类。在此基础上，对学习者如何习得这些模糊限制语提出了一定的解决方案，希望能对今后的日语教学提供一定的启示和参考。

②以200则日本电视广告中的模糊限制语为对象，考察了日语模糊限制语在广告媒体中的出现种类和使用情况、在广告中发挥的作用及模糊限制语的有无对广告产生的影响等。通过考察发现，200则电视广告中出现了「ね類」、「なあ類」、「かな類」、「って」、「わからな

いけど」、「気がする類」等 44 种模糊限制语，总使用次数为 322 次。其中「ね類」的使用次数最多，为 68 次，其次为「なあ類」、「かな類」等。模糊限制语在广告中主要发挥了以下功能：

A. 回避断言。委婉有效地将自己的主张或意见等传递给对方或听众。比如，「かな」、「ね」、「感じ」等。

B. 回避责任。无需负责或只需承担一定责任。比如，「正確に言うと」等。

另外，含模糊限制语的广告在表达主题、宣传产品时一般给人的感觉较为柔和，没有很直接地将产品及产品的优点等表述出来，一般给对方或受众留有思考的空间或余地。不含模糊限制语的广告，给人的印象是较为直接、鲜明地将产品及产品的特点呈现在了受众面前，使人看后一目了然。

③以国立国语研究所所藏《切拔集》中收录的报纸新闻报道的标题（1949年至2009年3月）为数据，探讨了作为典型书面语之一的报纸新闻标题中模糊限制语的使用特征、功能、含模糊限制语与不含模糊限制语的标题有何区别等问题。结果发现，会话中常用的「そのう」、「うまくいえないが」、「大ざっぱに言って」、「ふうに」、「よかったら」等未出现在新闻标题中，「あのう」、「いまいち」、「かね」等虽有出现，但多以词语的形式。其他诸如「あたり」、「おそらく」、「だろう（だろ）」、「～たり」等使用频率不同，但均有出现。「かどうか」等模糊限制语在新闻标题中的使用，避开了对某个事件或事物的直接断定，委婉地将作者的看法或观点传达给读者。同时，若事后需承担责任，由于作者使用了模糊限制语（比如「かどうか」「聞いた」等），也能在一定程度上回避责任。因此，在报纸新闻标题中，模糊限制语承担着"委婉地表达看法或观点"及"回避责任"的功能。

此外，含有模糊限制语的报纸新闻标题，由于模糊限制语的存在，在一定程度上避开了断言，语气显得委婉一些。不含模糊限制语的标题简明扼要、意思明确、表达直接，使人一目了然。因此可以说，模糊限制语的存在与否不影响标题内容的传达，但会在一定程度上影响表达的语气。

模糊限制语在标题中的出现与否和报纸发行年代无关。「かな」、「ちょっと」等模糊限制语的使用是报纸新闻标题口语化的一个标志。

从整体看，本研究（1）从定义、分类、功能等出发，兼与汉语模糊限制语进行比较分析，重新确立了日语模糊限制语及汉语模糊限制语的理论框架。（2）从理论到实际应用。在（1）的基础上，研究具体实用领域下模糊限制语的使用等。本研究虽然对日语模糊限制语进行了重新梳理和考察，但对于一些问题诸如日汉模糊限制语在特征上产生差异的原因、日语模糊限制语的应用等尚待进一步探讨，将作为今后的课题加以研究。

参考文献

【中文】

［1］陈访泽，刘珏．日语书信中的拒绝策略及其语用功能——以针对请求的拒绝行为为例［J］．广东外语外贸大学学报，2009（6）.

［2］陈治安，冉永平．模糊限制词语及其语用分析［J］．四川外语学院学报，1995（1）.

［3］崔庆梅，王秀文．日本人的拒绝表达方式［J］．日语知识，2007（3）.

［4］崔秀珍．模糊语言的修辞和交际功能［J］．中北大学学报（社会科学版），2008（4）.

［5］戴永红．模糊语言与广告的修辞功效［J］．新闻窗，2006（2）.

［6］邓　高．日语中的模糊限制语及其语用功能［J］．文学教育，2010.

［7］高晓芳，张琴．模糊限制语：分类与应用［J］．四川外语学院学报，2002.

［8］何自然．模糊限制语与言语交际［J］．外国语，1985（5）.

［9］何自然，陈新仁，桂诗春，王初名．当代语用学［M］．北京：外语教学与研究出版社，2004.

［10］胡壮麟．语言学教程［M］．北京：北京大学出版社，2002.

［11］蒋　平．国内模糊语言研究：现状与目标［J］．外国语，2013（36）.

［12］蓝国兴．模糊语言在英语广告中的运用［J］．牡丹江师范学院学报（哲社版），2006（5）.

［13］蓝希君，汪远琦．从顺应论角度看广告中模糊语言的表现形式及动机［J］．湖北第二师范学院学报，2009（26）.

［14］李　凝．从话语分析角度考察日语模糊限制语和女性语［J］．文学教育，2013（12）．

［15］李　凝．从话语分析角度考察日语模糊限制语和填充词［J］．语文学刊，2014（2）．

［16］李　凝．日语模糊限制语的缓和话语态度功能——从会话交际中的"使用前提"入手［J］．日语学习与研究，2015（2）．

［17］李　凝．从信息界域理论看日语模糊限制语［J］．日语教育与日本学，2015（2）．

［18］李　凝．从使用前提看日语模糊限制语的回避责任功能［J］．日语学习与研究，2018（1）．

［19］李秋忠．日语广告中的"醒目标题"［J］．教学研究，1983（3）．

［20］黎千驹．模糊语义学［M］．北京：社会科学文献出版社，2007．

［21］刘　娜．关联理论对英语广告模糊限制语的解读［J］．吉林广播电视大学学报．2011（2）．

［22］刘润清．关于 Leech 的礼貌原则［J］．外语教学与研究，1987．

［23］冉永平．语用学：现象与分析［M］．北京：北京大学出版社，2006．

［24］孙建荣．模糊限制语的语用功能——取消性［J］．外语教学，1986（2）．

［25］唐丁红．英语新闻中的模糊限制语［J］．科技信息（人文社科），2011（28）．

［26］伍铁平．模糊语言初探［J］．外国语，1979．

［27］伍铁平．模糊语言学［M］．上海：上海外语教育出版社，1999．

［28］夏玉琼，韦汉．《实话实说》节目中模糊限制语的维护面子功能［J］．华文教学与研究，2005（1）．

［29］徐　江，郑莉，张海明．基于语料库的中国大陆与本族语学者英语科研论文模糊限制语比较研究——以国际期刊《纳米技术》论文为例［J］．外语教学理论与实践．2014（2）．

［30］徐章宏，何自然．模糊限制语的"去模糊化"功能探析［J］．当代外语研究，2012（7）．

［31］杨　清，吴涌涛，译．吴铁平，校．论模糊性［J］．模糊系统与数学，1990，4（1）．

［32］杨向娟．论模糊限制语在广告语中的语用功能［J］．西安航空技术高等专科学校学报，2009（27）．

［33］杨嬿琳．日语新闻标题的特点［J］．新闻大学，2010（4）．

［34］杨毓隽．模糊限制语与言语交际［J］．外语教学，2002（4）．

［35］杨毓隽. 模糊限制语的合作原则分析［J］. 北京城市学院学报，2007（6）.

［36］姚　俊. 作为范畴变动语的模糊限制语——英汉对比研究［J］. 嘉应学院学报，
　　　2003.

［37］应国丽，周红. 模糊限制语语用功能与礼貌原则相关性研究［J］. 中国外语，2009（2）.

［38］余光武，秦云. 语言学视角下的网络表情符号初探［J］. 中国社会科学院研究生院
　　　学报，2011（1）.

［39］赵华敏. 从形式及功能看日语的反驳言语行为［J］. 日语学习与研究，2001（3）.

［40］张　威. 论 Modality 的范畴意义与语气表达的句种形式［J］. 北研学刊（创刊号），
　　　2004.

［41］张红深. 中国模糊语言学 30 年［J］. 天津外国语学院学报，2010（17）.

［42］张　玲. 中美英语新闻语篇中模糊限制语的对比分析［J］. 黑河学刊，2011（12）.

［43］张　勇. 英、汉、日语模糊限制语的对比分析：类型及语义功能［J］. 贵州师范大
　　　学学报（社会科学版），2010（1）.

［44］周　荣. 日本报纸新闻标题的特殊语法研究［J］. 语言研究，2013（12）.

［45］朱赛晶. 试论日语新闻标题的吸引功能［J］. 考试周刊，2012（7）.

【日语】

［1］新井恭子. 関連性理論における「広告のことば」の分析［J］. 経営論集 68，
　　　2006.

［2］有光奈美. グライスの格率への違反と笑い［J］. 東洋大学人間科学総合研究所紀
　　　要，2010（2）.

［3］有光奈美. 日英語の広告言語表現に関する認知言語学的分析：メタ言語否定から
　　　ズレの階層性へ［J］. 経営論集，2010（75）.

［4］石川翔吾，當眞沙織，桐山伸也，他. 情報の縄張り理論に基づく幼児学習環境で
　　　の行動記述［C］. The 20th Annual Conference of the Japanese Society for
　　　Artificial Intelligence, 2006.

[5] 井出祥子．わきまえの語用論［M］．大修館書店，2006．

[6] 李恩美．日本語と韓国語の初対面二者間会話における対人配慮行動の対照研究・ディスコース・ポライトネス理論の観点から[D]．東京外国語大学博士学位論文，2008．

[7] 岡本佐智子，斎藤シゲミ．日本語副詞「ちょっと」における多義性と機能［J］．北海道文教大学論集，2004（5）．

[8] 岡本夏木．子どもとことば［M］．岩波書店，1982．

[9] 岡本夏木．幼児期──子どもは世界をどうつかむか［M］．岩波新書，2005．

[10] 沖裕子．日本語談話論［M］．和泉書院，2006．

[11] 沖裕子，趙華敏．発想と表現からみる日本語依頼談話のしくみと指導［J］．日语教育与日本学研究　华东理工大学出社，2010．

[12] 尾崎喜光．依頼・勧めに対する断りにおける配慮の表現［J］．「言語行動における配慮」の諸相　国立国語研究所報告 123　くろしお出版，2006．

[13] 小田三千子．Hedges についての一考察──社会言語学の観点から［J］．東北学院大学紀要，1988（80）．

[14] 厳廷美．日本と韓国の大学生の依頼の場面での Hedge 表現使用における男女差の比較──主に丁寧さ（Politeness）の観点から──［J］．ことば，1997（18）．

[15] 神尾昭雄．情報のなわ張り理論──言語の機能的分析［M］．大修館書店，1990．

[16] 神尾昭雄．続・情報のなわ張り理論［M］．大修館書店，2002．

[17] 亀井昭宏，疋田聰．新広告論［M］．日経広告研究所，2005．

[18] グライス・ポール．論理と会話［M］．勁草書房，1998．

[19] 栗原優．新聞記事に見られる「書き言葉」と「話し言葉（口語）」の混同についての一考察［J］．文化情報学，2007（14）．

[20] ぐるーぷ・エルソル編．こどものことば［M］．晶文社，1987．

[21] 小林春美．新・子どもたちの言語獲得［M］．大修館書店，2008．

[22] 小矢野哲夫．目を引きつける広告表現［J］．日本語学 20　明治書院，2001．

[23]近藤佐智子．中間言語語用論と英語教育［J］．Sophia Junior College Faculty Journal, 2009 (29).

[24]下道省三．関連性理論による子どものことば(発話・会話)の分析（その3)」［J］．甲子園短期大学紀要, 2010 (28).

[25]泉子・K・メイナード．談話表現バンドブック［M］．くろしお出版, 2005.

[26]田中一彦．協調の原理と叙述トリック［J］．人文研究　大阪市立大学文学部紀要, 2000 (52).

[27]田中誠．村上春樹の文体・翻訳研究──『ノルウェイの森』における「ように」の翻訳事例（Alfred Birnbaum 翻訳版）を中心に──［J］．長崎国際大学論叢 11, 2011 (11).

[28]玉木明．ニュース報道の言語論［M］．洋泉社, 1996.

[29]趙華敏．現代日本語の反論という言語行為に関する研究──切り出しの発話を中心に［D］.

[30]同志社女子大学大学院博士論文, 2003.

[31]辻幸夫．認知言語学キーワード事典［M］．KENKYUSHA, 2002.

[32]中野友理．情報のなわばり理論」における「のだ」の位置づけ［J］．北海道大学留学生センター紀要8　北海道大学留学生センター, 2004.

[33]仁科貞文．広告研究の系譜［J］．AD・ATUDIES2　吉田秀男記念財団, 2002.

[34]入戸野みはる．ヘッジの形（フォーム）とその機能：友人間の会話に見る［J］．New directions in applied linguistics of Japanese くろしお出版, 2004.

[35]入戸野みはる．グループのサイズとヘッジの使用量について［J］．URL: http://www. princeton. edu/pjpf/past/15th/11-Nittono_PJPF08. pdf, 2008.

[36]野口崇子．「見出し」の"文法"──解読への手引きと諸問題──［J］．講座日本語教育38, 早稲田大学日本語研究教育センター, 2002.

[37]野呂幾久子．テレビCMのことば［J］．日本語学20　明治書院, 2001.

[38]牧原功．日本語の配慮表現に関わる文法カテゴリー［J］．群馬大学国際教育・研

究センター論集，2012 (11).

[39]正高信男. 子どもはことばをからだで覚える——メロディから意味の世界へ[M].
　　中央公論新社，2001.

[40]松井智子. 関連性理論から見たポライトネス——意図伝達性の問題について[J].
　　言語，2001 (30).

[41]松井智子. 関連性理論—認知語用論の射程 [J]. 人工知能学会誌，2003 (18).

[42]嶺田明美，長澤耀世. 広告の表現について（1）——テレビコマーシャルの表現
　　形式と文末表現—— [J]. 学苑 862，2012.

[43]嶺田明美、長澤耀世. 広告の表現について（2）——テレビコマーシャルにおけ
　　る業種と表現形式を中心に——」学苑 864，2012.

[44]宮崎美智子，梶川祥世，村井千寿子，高橋英之，岡田浩之. なるほど！赤ちゃん
　　学：ここまでわかった赤ちゃんの不思議 [M]. 新潮社，2012.

[45]宮田 Susanne，森川尋美，村木恭子. 今日から使える発話データベース・初心
　　者のための CHILDES 入門 [M]. ひつじ書房，2004.

[46]森山卓郎.「断り」の方略——対人関係調整とコミュニケーション [J] 言語 8 大
　　修館書店，1990.

[47]橋内武. ディスコース：談話の織り成す世界 [M]. くろしお出版，1999.

[48]林宅男. 談話分析のアプローチ：理論と実践 [M]. KENKYUSHA，2008.

[49]早瀬尚子・堀田優子. 認知文法の新展開——カテゴリー化と用法基盤モデル[M].
　　KENKYUSHA，2005.

[50]平川彩. 垣根表現に見られる性差 [D].

[51]URL：http：//www2. aasa. ac. jp/faculty/tagen/thesis/2003/005246/ 深川
　　英雄,相沢秀一,伊藤徳三. 時代を映したキャッチフレーズ辞典 [M]. （株）電通,
　　2005.

[52]今井邦彦. 語用論への招待 [M]. 大修館書店，2001.

[53]福田一雄. 日本語のマキシム・ヘッジとマキシム・ブースター：語用論的言語学

の一視点［J］. 人文科学研究, 1998（12）.

[54]ペネロピ・ブラウン・スティーヴン・C・レヴィンソン. ポライトネス：言語使用における、ある普遍現象［M］. 研究社, 2011.

[55]方懋, 高鵬飞. 中国人と日本人における言語表現の違い［J］. 新潟産業大学人文学部紀要16, 2004.

[56]李凝. 日本語のヘッジ（hedge）に関する研究［M］. 北京：外文出版社, 2014.

[57]劉亜髄.「ちょっと」についての一考察［J］. 文学史研究, 1999（40）.

[58]矢野宏之, 岩元澄子. 関連性理論からみた自閉症児の発話解釈察［J］. Kurume University Psychological Research9, 2010.

[59]山川史. 学習者のヘッジ使用——インタビューにおけるレベル別会話分析［C］. The Sixth International Conference on Practical Linguistics of Japanese, San Francisco State University, CA, 2008.

[60]山川史. OPIの談話構造とヘッジ出現の関連性［C］. International Conference of Japanese Language Education, National Cheng-Chi University, Taipei, Taiwan, 2010.

[61]山岡政紀. 発話機能論［M］. くろしお出版, 2008.

[62]山口仲美. 広告表現の変遷［J］日本語学120 明治書院, 2001.

[63]山本英一. 言語研究の底を流れる思想を考える——推論様式を手掛かりとして——［J］外国語教育研究（関西大学外国語教育研究機構）16, 2008.

[64]楊暁鐘, 曹紅.「曖昧」な日本語を再認識——日本語教育の立場から——［J］. 福井大学教育地域科学部紀要（人文科学国語学・国文学・中国学編）56, 2005.

[65]横尾信男. 女性のことば［J］. 東京家政大学研究紀要33, 1993.

[66]吉村公宏. はじめての認知言語学［M］. KENKYUSHA, 2004.

[67]具軟和. 日本と韓国のテレビコマーシャルの表現特性. 大学院教育改革支援プログラム「日本文化研究の国際的情報伝達スキルの育成」活動報告書 Vol. 平成19年度 海外研修事業編, 2008.

【英文】

[1] Brown & Levinson, Politeness : Some universals in language usage [M]. Cambridge : Cambridge University Press, 1987.

[2] Lakoff, G. Hedges : A study in meaning Criteria and the logic of fuzzy concepts [J]. Journal of Philosophical Logic, 1972.

[3] L. A. Zadeh : Fuzzy sets [J], Information and Control 8, 1965.

[4] Leech. G. Principles of Pragmatics [M]. Longman, London, 1983.

[5] Levinson S C. Pragmatics [M]. Cambridge : Cambridge University Press, 1983.

[6] Miharu Nittono. Japanese hedging in friend−friend discourse [D]. Submitted in partial fulfillment of the requirement for the Degree of Doctor of Education in Teachers College, Columbia University, 2003.

[7] Miharu Nittono . 'Avoidance' and 'Appeal' : A Two−Fold Motivation for Japanese Hedging Use [J].

[8] Sophia International Review29, 2007.

[9] Prince,E. ,Frader,J. andBock,C. On Hedging in Physician−physician Discourse [A]. In Pietro.

[10]R. D. (eds) Linguistics and the Professions [C], pp. 83−97. Hillsdale, NJ : Ablex, 1982.

[11]Reiko Itani. Semantics and pragmatics of hedges in English and Japanese [M]. Hituzi Syobo, 1996.

[12]Wilson, D. andD. Sperber. Inference and implicature, [J] in Travis, C. (ed.) Meaning and Interpre−tation. Oxford : Basil Blackwell, 1986.

【教材】

[1] 日株式会社スリーエーネットワーケ. 大家的日语Ⅰ. 外语教学与研究出版社, 2002.

［2］日株式会社スリーエーネットワーケ. 大家的日语Ⅱ. 外语教学与研究出版社，2003.

［3］综合日语（第一册 修订版）. 北京大学出版社，2009.

［4］综合日语（第二册 修订版）. 北京大学出版社，2010.